LA PEDAGOGIA DEL AGUA EN LA BIBLIA. EL MOTIVO LITERARIO DE AGUA EN MOVIMIENTO

Texia E. Anabalón Navarrete

Copyright © 2023 Texia E. Anabalón Navarrete
Copyright © 2023 Generis Publishing

All rights reserved. This book or any portion thereof may not be reproduced or used in any manner whatsoever without the written permission of the publisher except for the use of brief quotations in a book review.

Title: LA PEDAGOGIA DEL AGUA EN LA BIBLIA. EL MOTIVO LITERARIO DE AGUA EN MOVIMIENTO

ISBN: 979-8-88676-927-2

Author: Texia E. Anabalón Navarrete

Cover image: https://unsplash.com/

Publisher: Generis Publishing
Online orders: www.generis-publishing.com
Contact email: info@generis-publishing.com

Lo que sabemos es una gota de agua;

lo que ignoramos es el océano.

Isaac Newton (1642-1727)

CONTENIDO

CAPÍTULO I 11
1. EL AGUA 11
1.1   EL AGUA COMO SÍMBOLO DE ESPIRITUALIDAD HOY 11
1.1.1 El Santuario de Lourdes – Francia 12
1.1.2 El Santuario de la Virgen de los Ángeles - Costa Rica 14
1.2 EL AGUA EN SU DIMENSIÓN MATERIAL 19
1.2.1 EL agua en nuestro planeta 20
1.2.2 La lucha por el agua 21
1.3 LA IMPORTANCIA DEL AGUA EN LA ANTIGÜEDAD 23
1.3.1 La civilización egipcia 24
1.3.2 La civilización mesopotámica 28
1.3.3 La civilización greco-romana 35
1.3.4 El agua y la arquitectura 37
1.4 EL AGUA EN EL MUNDO DE LA BIBLIA 39
1.4.1 El agua en la cosmovisión bíblica 39
1.4.2 La importancia del Agua en la Biblia 41
1.5 EL AGUA EN SU DIMENSIÓN SIMBÓLICA 44
1.6 EL AGUA EN MOVIMENTO COMO MOTIVO LITERARIO EN LA BIBLIA 45
1.6.1 Motivo literario: una breve introducción 45
1.6.2 Propuesta de esta tesis 46
1.6.3 Metodología de estudio 48
II CAPÍTULO 51
2. EL AGUA EN LOS ORIGENES DEL PUEBLO DE ISRAEL EN EL ANTIGUO TESTAMENTO 51
2.1 YAHVÉ, EL DIOS DEL AGUA 52
2.1.1 La habitación de Yahvé 53
2.1.2 El Dios Creador 55

2.2 EL AGUA Y EL ORIGEN DE LA VIDA (Gn 1.1-2.4; 2.5-25) 60

2.2.1 "La separación de las aguas produce Vida" Gn 1.1-2.4 61

2.2.2 El agua, consecuencia de la relación con Yahvé (Gn 2)....................... 65

2.3 EL AGUA EN EL NACIMIENTO DE UN PUEBLO (Gn 6-8; Éx 14. 21-30) 69

2.3.1 El agua, muerte y destrucción; un camino para la vida, Gn 6-8 69

2.3.2 El agua, obstáculo, muerte y camino a la libertad, Éx 14. 21-30.......... 76

CAPITULO III 79

3. EL CAMINAR DE YAHVÉ CON ISRAEL 79

3.1 YAHVÉ, MANANTIAL DE AGUA VIVA.. 80

3.1.1 El agua de Cisternas 81

3.1.2 Contexto de Jeremías 2.1-13... 81

3.1.3 Análisis de Jeremías 2:1-13 82

3.2 EL AGUA EN EL DESIERTO 89

3.2.1 El agua da nueva vida, Gn 21.1-21 90

3.2.2 El agua da vida a un pueblo, Éx 17.1-7... 93

3.2.3 Aguas que fluyen en el sequedal, Is 41.17-19 96

3.3 EL AGUA Y LA JUSTICIA 101

3.3.1 Qué fluya la justicia como el agua, Am 5.21-24 101

3.4 EL AGUA QUE DA SANIDAD A OTRAS AGUAS 106

3.4.1 El libro de Ezequiel 107

3.4.2 Contexto Literario de Ezequiel 47.1-12 108

3.4.3 Análisis del texto... 108

CAPITULO IV 115

4. EL AGUA Y LA NUEVA VIDA 115

4.1 EL AGUA EN EL EVANGELIO DE JUAN... 116

4.1.1 El agua que es transformada, Jn 2.1-11... 117

4.1.2 Nacimiento de Agua y Espíritu, Juan 3: 1-12 118

4.1.3 El agua viva y el agua del pozo, Jn 4. 4-43 119

4.1.4 El agua viva y el agua del estanque, Jn 5.1-9...................................... 123

4.2 JESÚS, EL AGUA VIVA 127

4.2.1 Contexto Literario de Juan 7 128
4.2.2 Estructura de Juan 7: 37-39 130
Análisis del Texto 131
4.2.3 V37a: Ubicación: "La fiesta" 131
CAPÍTULO V 141
5. LA PEDAGOGIA DEL AGUA 141
5.1 EL AGUA COMO HERRAMIENTA PEDAGÓGICA 142
5.1.1 El Agua Viva 142
5.1.2 ¿Qué significa tener el Espíritu de Dios? 145
5.1.3 ¿Cómo se vive la Vida en el Espíritu? 150
5.2 EL AGUA VIVA HOY 152
5.2.1 Diferentes Interpretaciones 152
5.2.2 ¿Qué tiene que aportarnos la forma en que Jesús actualiza el significado del agua para aplicarla a nuestra realidad hoy? 154
5.3 CONCLUSIONES 157
BIBLIOGRAFIA 161

CAPÍTULO I

1. EL AGUA

Fluyes majestosa y silenciosa
camino de plata
corres siempre adelante
nunca miras atrás,
eres abundancia de vida
eres majestuoso cristal,
que vienes de la Santa morada
a germinar vida, sacro manantial.
La multitud te espera, ansía tu luz
fatigados y sedientos añoran tu bendición
porque del seno del Creador
reconocen tu poder
curas el cuerpo, curas el alma
Agua de vida, agua milagrosa y sagrada.[1]

1.1 EL AGUA COMO SÍMBOLO DE ESPIRITUALIDAD HOY

Al iniciar con el poema "Manantial Sagrado", tal cual lo expresa la letra quiero expresar la belleza de ver el agua correr, el agua de vertientes, ríos y mares que baña los montes y valles, formando hermosos parajes. Muchas veces es ruidosa y otras, silenciosas; genera miedo o da paz. Pero por sobre todo quiero expresar la importancia del agua como símbolo de la espiritualidad humana.

La vida diaria está llena de agua, tanto en el consumo diario para nuestro cuerpo como en la agricultura, en las empresas; toda nuestra vida depende de ella; necesitamos de ella para subsistir. El agua posee una historia de muerte y vida, riqueza y pobreza, abundancia y belleza, desesperación, crisis y esperanza; ella moldea los caminos por donde transita, destruye y edifica[2].

---

[1] Poema y dibujo inédito: Manantial Sagrado -Texia Anabalón N.
[2] Imagen: Parque Cascadas Conguillio Nacional, Chile, Disponible en: http://www.1zoom.me/es/wallpaper/512506/z15751.8/ Fecha de acceso: 15.05.17

Ilustración 1: Parque Cascadas Conguillio Nacional, Chile

En cada cultura y religión las tradiciones se preservan de generación en generación, y muchas de estas tradiciones tienen que ver con la relación espiritual que tienen con la tierra, las plantas y principalmente con el agua. Por ello es necesario considerar la importancia que el agua tiene en medio de la fe como símbolo de vida y cómo ella pasa de apagar la sed biológica a ser usada como elemento clave en la renovación de la vida espiritual. Esto lo podemos ver en los muchos usos actuales del agua en los santuarios y lugares sagrados que revisamos a continuación.

1.1.1 El Santuario de Lourdes – Francia

En la actualidad, millones de personas llegan en busca de agua en una peregrinación a la Gruta de la Virgen de Lourdes en Francia[3]. Entre ellos vienen niños y niñas, adolescentes, padres y madres, abuelos y abuelas, ya sea con buena salud, enfermas o con limitaciones funcionales. Pero lo que llama la atención es que este santuario lo visitan no solo creyentes católicos sino personas de distintas religiones. Esto se debe a que no vienen por la veneración de la Virgen, sino en busca del agua que corre de las fuentes del santuario, ya que ella está señalada como "agua milagrosa".

---

[3] Imagen: Gruta de la Virgen de Lourdes en Francia, *http://destellocelestial.blogspot.com/2014/02/11-de-febrero-festividad-de-nuestra.html* Fecha de acceso: 06.09.2016

*Ilustración 2: **Gruta del Santuario de Lourdes, Francia***

Se registra "que el agua del Santuario de Lourdes corre como manantial desde 1858".[4] Desde ese momento millones de personas han llegado en busca del agua para probar las virtudes de ella, agua que da salud y vida. Lo que comenzó a nivel local, hoy recibe visitas que alcanzan un nivel mundial. "Hoy en día la Iglesia Católica reconoce 68 milagros como resultado de las aguas de la gruta, aunque han sido muchos más los que han alcanzado la sanidad".[5]

Lugares como este existen en muchos países. Se han consagrado o denominado santos no solo como un lugar para buscar un milagro, sino para que sean un refugio para la gente: un santuario de plegaria, de comunión, de esperanza, de fe, de misericordia y amor. Estos lugares son el medio para alcanzar la santidad, para renovar los votos de una nueva vida, para retomar fuerzas para seguir en una vida agradable a Dios.

---

[4] El jueves 25 de febrero, la Señora dijo a Bernardita: "Vaya a beber y a lavarte en la fuente". Me dijo que fuera a beber y a lavarme en la fuente. Al no ver nada, yo iba a beber en el Gave, pero Ella me señaló con el dedo que fuera a la roca. Fui y encontré un poco de agua cenagosa tan escasa que apenas pude recoger en el cuenco de la mano. Yo la escupí por tres veces por lo sucia que estaba. A la cuarta vez ya pude beber. - LOURDES. "Bernardita, Las Apariciones", *http://es.lourdes-france.org/profundizar/bernardita-soubirous* Fecha de Acceso; 07.09.2016

[5] La primera aparición de la Virgen fue el 11 de febrero de 1858. Pocas semanas después, Lourdes fue conocida ya como la "ciudad de los milagros". Después del reconocimiento oficial de las Apariciones por la Iglesia Católica en 1862, se empiezan a organizar las primeras peregrinaciones locales. Entre curiosos y favorecidos por los milagros acuden a ese lugar multitud de personas en los primeros años del siglo XX. Hoy las visitas alcanzan una dimensión mundial. Las sanidades reconocidas por la iglesia son 68. - Foros de la Virgen María. "La historia completa de Nuestra Señora Lourdes". 2016. *http://forosdelavirgen.org/534/nuestra-senora-de-lourdes-francia-11-de-febrero/* Fecha de Acceso: 10.09.2016

1.1.2 El Santuario de la Virgen de los Ángeles - Costa Rica

En la ciudad de Cartago en Costa Rica también hay un lugar donde muchos peregrinos llegan en busca de agua. Es el Santuario de la Virgen de Los Ángeles, un manantial de agua que fluye diariamente.[6] El imaginario de la gente es que el agua de la gruta puede hacer una gran diferencia en su vida, traer purificación, sanidad y renovación.

Estos dos casos no son aislados. Millones de personas creyentes en el mundo, sean cristianas de tradición católica o evangélica, hindúes, y otras, encuentran en el agua un símbolo de renovación, limpieza, purificación, sanidad y vida espiritual.

Ilustración 3: Santuario de la Virgen de los Ángeles - Costa Rica

Pero, ¿qué hay detrás de esa búsqueda de agua? ¿Qué hay detrás de ese esfuerzo? Lo que vemos aquí en el acto de buscar y recoger el agua es la fe y esperanza de obtener respuesta a su necesidad, a sus plegarias.

En ese lugar desaparecen las diferencias raciales, de idioma y clases sociales. Ni la limitación física, ni la enfermedad es impedimento para trasladarse en busca

---

[6] Guías Costa Rica. "Historia de la Virgen de los Angeles". 2016, http://guiascostarica.info/acontecimientos/aparicion-virgen-de-los-angeles - Fotografía Gruta del Santuario de Lourdes, Francia. http://www.nacion.com/nacional/religion/Obispos-defensa-Novena-Virgen-Angeles_9_1502339758.html - Fotografía Santuario de la Virgen de los Ángeles - Costa Rica, http://www.nacion.com/nacional/religion/Basilica_de_la_Virgen_de_los_Angeles-Cartago-piedra_9_1566333353.html Fecha de Acceso: 08.09.16.

de esa agua milagrosa[7], tanto que se lleva el agua en botellas, con la esperanza de llevar en ella la bendición de Dios[8]. El Agua es símbolo de la fe y esperanza. La beben, se sumergen en ella en busca de la purificación, limpieza de pecados, sanidad de enfermedades y renovación espiritual. Vemos la fe hecha acción, en espera de la intercesión de la Virgen a Dios.

Ilustración 4: Santuario de la Virgen de los Ángeles en Costa Rica

Los ritos nos enseñan el gran respeto del ser humano hacia el agua. Nos muestran que es considerado como algo sagrado y vemos el valor simbólico que tiene en las diferentes religiones y culturas. El rol del agua en las religiones es muy importante. Aquí tomaré el ejemplo de solo cuatro.

---
[7]Fotografía Santuario de la Virgen de los Ángeles en Costa Rica. http://www.lourdes-infos.com/Galerielourdesok/pages/eau-robinet_jpg.htm Fecha de Acceso: 06.09.16.
[8]Aroma sagrado. 2015. Disponible en: http://aromasagrado.com/es/otros/576-agua-de-lourdes.html# Fecha de Acceso: 08.09.16.

Ilustración 5: Santuario de la Virgen de los Ángeles en Costa Rica

En Japón el agua está presente en la ceremonia del té, un rito de agua que abarca los 4 principios esenciales: pureza, respeto, tranquilidad y armonía. Y también está presente en la purificación de los iniciados al sacerdocio shinto: los hace ser dignos para entrar en el sacerdocio.[9]

Ilustración 6: Ceremonia del Té

---

[9]Ceremonia del Té, "Agua, gota de la vida, El Espíritu del Agua". 2016. Corporación de Radio Y Televisión Española. Disponible en: http://www.rtve.es/alacarta/videos/agua-la-gota-de-la-vida/agua-espiritu-del-agua/1962661/ Fecha de Acceso: 07.09.2016

En la isla Bali (Indonesia), se bendice el agua porque ella guarda las cosechas. Las mujeres preparan cestos con frutas y verduras que son llevados al templo para ser bendecidos con agua.[10]

Ilustración 7: Bendición de las cosechas

A Varanasi (Benarés, India), conocida como "la ciudad de la muerte", la ciudad sagrada en la India, llegan millones de personas procedentes de todo el país que acuden al ritual de la cremación. Los cadáveres de sus seres queridos son sumergidos en el río para purificarlos y limpiarlos de todo pecado. Esto les prepara para luego ser incinerados (lo que significa una nueva creación), para luego - los restos del cuerpo y las cenizas - ser arrojados al río sagrado Ganges.[11]

---
[10]Bendición de las cosechas, "Agua, gota de la vida. El Espíritu del Agua". 2016.Corporación de Radio Y Televisión Española. Disponible en: http://www.rtve.es/alacarta/videos/agua-la-gota-de-la-vida/agua-espiritu-del-agua/1962661/ Fecha de Acceso: 07.09.16.
[11]Los cadáveres son sumergidos en el río Ganges, "Agua, gota de la vida. El Espíritu del Agua". 2016. Corporación de Radio Y Televisión Española. Disponible en: http://www.rtve.es/alacarta/videos/agua-la-gota-de-la-vida/agua-espiritu-del-agua/1962661/ Fecha de Acceso: 07.09.2016

Ilustración 8: Los cadáveres son sumergidos en el río Ganges

Ilustración 9: Bautismo cristiano Israel

En el cristianismo está presente el agua en el bautismo, un sacramento de la iglesia, símbolo de renacimiento. Esta acción pública de arrepentimiento trae consecuencias espirituales: el agua purifica los cuerpos y almas, simbolizando la muerte y la vida nueva y también incorporando a la persona a una comunidad.[12]

Pero, ¿qué significa que el agua sea un símbolo de espiritualidad? No hay una única imagen de lo que es la espiritualidad. Cada uno la lleva conforme a su visión de quien es Dios. Por eso, el agua se convierte en el símbolo común de la espiritualidad en los seres humanos. Por su naturaleza, incolora, pura, fluida, es el instrumento tangible donde depositar la fe, esperando un milagro. Se llega ante el agua con reverencia, con plegaria, con corazón necesitado, quebrantado, muchas veces con el cuerpo herido, enfermo, buscando una respuesta, una oportunidad, buscando la bendición de la vida.

El agua del santuario tanto en Francia como en Costa Rica nos revela la realidad profunda y espiritual de cada persona que se acerca a ella. Ven en ella el medio de limpieza, el medio que les hace accesible a la presencia de Dios, una forma alcanzable, palpable y gratuita que es capaz de transformarle, y dejarles aptos para ir a Dios. Ahora cabe preguntar: ¿De dónde viene esta idea? ¿Está presente en la Biblia? ¿Qué tiene que ver el agua con Dios? Estas y muchas otras

---

[12] "Agua, gota de la vida. El Espíritu del Agua". 2016. Corporación de Radio Y Televisión Española. Disponible en: http://www.rtve.es/alacarta/videos/agua-la-gota-de-la-vida/agua-espiritu-del-agua/1962661/ Fecha de Acceso: 07.09.2016 / Fotografía: Bautismo cristiano Israel, Iglesia Evangélica Apostólica del Nombre de Jesús en Israel. Disponible en: http://ieanjisrael.webgarden.es/menu/galeria/archivo-fotografico/bautismo-hermana-lilian Fecha de Acceso: 12.09.16.

preguntas similares se contestan usualmente diciendo: "que el agua viene de Dios". Esta respuesta ha influenciado la interpretación del significado del agua en la Biblia en muchas congregaciones, atribuyéndole poderes curativos, e incluso dándole y haciéndole representación del Espíritu de Dios. Por ello en esta tesis analizaremos el uso o significado que el agua tiene dentro de la Biblia, comprendiendo su función vital y pedagógica dentro del Antiguo Testamento con el fin de comprender su uso en el Nuevo, para luego analizar cómo la utiliza Jesús en Juan 7. Iniciaremos con estudios del contexto de los textos bíblicos, para entender la profundidad de su significado material o espiritual dentro de la cosmovisión de Israel.

El valor simbólico y religioso del agua se deriva de su valor material y cotidiano; por ello comienzo mi tesis por aquí, revisando cómo ella es símbolo de adoración y mediación para hacer contacto con Dios.

1.2 EL AGUA EN SU DIMENSIÓN MATERIAL

Pero la Sed se abulta,
Queda sólo el espejo abismado de los pozos.
Las vasijas se fraguan
Y un calor con acentos desemboca en las grietas.
Un grifo me interroga con un ojo sin llanto.
El vaso es un desierto
de vidrio.[13]

Iniciamos con un fragmento de las palabras de Silvia Castro, quien poéticamente describe el sufrimiento, la desolación y muerte que lentamente origina la falta de agua. El agua es esencial para la vida, pero cuando falta, nada queda, solo espejismos, grietas, desierto y sed abultada. Esta es una realidad presente para muchas personas en el mundo hoy. Por todo ello, hoy el tema del agua es primordial en el discurso de los gobernantes, especialmente en las grandes convenciones internacionales donde se está en busca de nuevas formas de cuidar el uso del agua, y por la escasez que afecta a muchas partes del planeta. Este problema ha levantado grupos que luchan por la distribución justa del agua, denunciando a quienes acaparan el agua y la privatizan, negándola a los sectores y países más pobres. El agua ha pasado de ser un bien común a ser un bien

---
[13] Silvia Castro Méndez. "Agua". *Poema Sequía*. San José. Editorial: Costa Rica. 2015.8.

controlado por quienes tienen poder. Por lo tanto, no es de sorprenderse que el agua haya adquirido gran importancia en la sociedad actual.

Este acercamiento a la dimensión material del agua empieza con una visión general de la importancia material y concreta del agua en el mundo hoy. Luego analizaremos la importancia del agua en algunas civilizaciones antiguas, incluyendo una mirada desde la perspectiva sociocultural y religiosa reflejada en el Antiguo Testamento. La última sección del capítulo presenta el tema de esta tesis propiamente - agua en movimiento como un motivo literario en la Biblia - y señala la delimitación que se ha realizado con el fin de estudiar este motivo en la Biblia.

1.2.1 EL agua en nuestro planeta

El agua está presente en el diario vivir, en las nubes y en medio de la tierra, allí permitiendo que la vida inicie, fluyendo para que la semilla pueda germinar. Así puedan crecer los frutos en la tierra, permitiendo que las manos del agricultor puedan extraerlos y que lleguen a nuestra mesa. El agua es la que permite que se produzca la vida, por lo que sin agua no tendríamos producción de alimentos.

El agua también está presente en nuestra actividad diaria, tanto en las industrias, como elemento moldeador o enfriador, como en los hospitales, permitiendo al ser humano sobrevivir a muchas enfermedades o virus, ya que ella es usada como elemento de limpieza e higiene. También en nuestro hogar, lo utilizamos para preparar alimentos, para bañarnos y especialmente en el consumo diario que nos permite hidratar nuestro cuerpo. No solo el agua externa al ser humano es importante, sino también la que está en nuestro cuerpo, ya que el cuerpo humano posee un 70% de agua,[14] lo que nos hace dependiente de este tesoro líquido. Si el agua faltara, la vida se extinguiría.

En nuestro planeta la tercera parte es agua, y de ella, un 97,24% es agua de los océanos, no buena para el consumo humano ni para el uso agrícola. La distribución del agua se muestra en el siguiente cuadro[15]:

---

[14]H4H s/f. Disponible en: http://www.h4hinitiative.com/es/academia-h4h/laboratorio-de-hidratacion/hidratacion-para-los-adultos/agua-en-el-cuerpo Fecha de Acceso: 18.06.15
[15]Tabla de porcentajes USGS. Disponible en: *http://water.usgs.gov/gotita/waterdistribution.html* Fecha de Acceso:25.06.15
* Dentro del ítem de Agua Subterránea se considera el agua fósil. Es agua que ha permanecido por mucho tiempo entre la corteza continental. – Fernández, Antonio y otros. Iniciación a la Geografía. "La Atmósfera y la Hidrósfera". Madrid. Universia. 2015, 9.

Origen del agua	Volumen del agua en kilómetros cúbicos	Porciento de agua total
Océanos	1,321,000,000	97.24%
Capas de hielo, Glaciares	29,200,000	2.14%
Agua subterránea*	8,340,000	0.61%
Lagos de agua dulce	125,000	0.009%
Mares tierra adentro	104,000	0.008%
Humedad de la tierra	66,700	0.005%
Atmósfera	12,900	0.001%
Ríos	1,250	0.0001%
Volumen total de agua	1,360,000,000	100%

Ilustración 10. Tabla con porcentajes de Agua Terrestre

Como vemos, solo el 0.0001% de agua de los ríos y el 0.009% de los Lagos es consumible. Ese porcentaje es de donde la gente se surte del agua para su uso diario, agua que es mal utilizada y distribuida de forma desigual entre las sociedades. Por todo lo anterior, podemos deducir que la escasez del agua en el planeta ya es un problema, especialmente por su importancia como elemento esencial para la vida. Pero también es problema el abuso y el acceso desigual a ella.

1.2.2 La lucha por el agua

Existe otro problema alrededor del agua, que tiene que ver con los procesos de industrialización de la modernidad que han llevado a la comercialización del agua, en particular por las grandes transnacionales. Esto han influido en la contaminación y en la desertificación de lagunas y ríos, poniendo así en riesgo todo el ecosistema, quitando el acceso a ella de mucha gente y capitalizando el derecho al agua.

Ello ha movido a muchos grupos a exigir sus derechos e iniciar una lucha por el agua. Hoy en América Latina las comunidades locales, organizaciones sociales, grupos étnicos y organizaciones de mujeres de varios países como Chile, Bolivia, México, Uruguay, Costa Rica y Colombia se han organizado para luchar por el agua, para exigir su derecho a ella, reivindicando un derecho perdido ya que ha quedado a merced de los intereses del mercado y de empresas trasnacionales.[16]

---

[16] Andrea Becerra. Revista El otro Derecho. *"Movimientos sociales y lucha por el derecho humano al agua en América Latina,"* ILSA N° 34. 2011.2.

Ilustración 11: Movimiento social en Chile que hace años lucha por el grave problema de usurpación de aguas

En Chile, por ejemplo, el 90% del agua potable se encuentra privatizada.[17] Al parecer, la gran mayoría de las y los habitantes desconoce la importancia que esto tiene, pero existe una minoría que se ve afectada por la falta del agua, la que se encuentra en una constante lucha por este bien que permite la vida. Por ello Chile no está exento de los conflictos por el agua. Existen comunidades que luchan contra megaproyectos mineros como Caimanes, Pascua Lama y Río Loa, entre otros. Denuncian a megaproyectos energéticos como Hidroaysén, Río Cuervo, Centrales Neltume y San Pedro en Panquipulli; y la usurpación de aguas por parte de políticos y grandes empresas agrícolas, especialmente en la Provincia de Petorca. Sin embargo, las grandes disputas se dan en territorios rurales. Las luchas populares son expresiones del pueblo en busca de justicia social para mejorar la vida de los más pobres. Por eso es importante comprender que el capital se ha apropiado de un elemento vital para las personas y esto les lleva a levantar la voz y, tal como muchos de nuestros hermanos y hermanas, a luchar por un derecho que se nos ha robado.[18] Se suma a esto los movimientos ecologistas y algunos gobiernos que han levantado la voz y están trabajando en la enseñanza y concientización de las personas con el fin de cuidar y distribuir justamente el agua.

En muchas partes del planeta hoy hay escasez de agua. Es una realidad difícil que irá empeorando si no comprendemos hoy cuán importante es el agua para vivir y que es un derecho de todas las personas. Pero no es solo hoy que el agua

---

[17] Ilustración 10: Chile-MODATIMA, movimiento social que hace años lucha por el grave problema de usurpación de aguas que afecta a la provincia de Petorca, http://www.sindicatositeco.cl/2013/07/la-guerra-del-agua-en-petorca-lo-que-perez-yoma-intenta-es-silenciar-la-lucha-por-el-agua Fecha de Acceso: 12.09.16.
[18] Agua que has de beber, 2016, http://www.aguaquehasdebeber.cl/noticias/luchas-contra-la-privatizacion-del-agua-en-las-ciudades-de-mexico-el-caso-de-tuxtla-gutierrez-chiapas/ Fecha de acceso: 30.09.15.

ha adquirido tal importancia, sino que, a través de los años, décadas y civilizaciones, el agua ha sido uno de los elementos fundamentales para subsistir en nuestro planeta. El control del agua ha sido una forma de ejercer poder sobre los más vulnerables y la naturaleza.

1.3 LA IMPORTANCIA DEL AGUA EN LA ANTIGÜEDAD

En las civilizaciones antiguas, la mesopotámica, la egipcia, romana y griega, por nombrar solo algunas, el agua tuvo un lugar privilegiado. Por ser civilizaciones más próximas a los textos del Antiguo y Nuevo Testamentos, la visión del papel del agua en estas culturas y sociedades ayuda a ubicar la importancia del agua en la Biblia y en la visión de mundo reflejada en los textos bíblicos. Estas sociedades estaban próximas al agua en sus diversas formas y mucho de su desarrollo se debió a la presencia o carencia de ella en su territorio. Para estas civilizaciones, en muchos sentidos, su poder se arraigaba en el dominio sobre el agua.[19] En Mesopotamia los ríos Éufrates y Tigris, y en Egipto el Nilo, dieron pie para la gestación de sus primeras civilizaciones (4.000 a.C.). Al estar ubicadas en zonas geográficas de climas áridos y secos, sus habitantes buscaban la orilla de los ríos para establecer sus comunidades, donde se crearon sistemas de irrigación.[20]

Las civilizaciones antiguas en su desarrollo cultural reflejan a sus sociedades. Es así como la arquitectura, el arte y la música son reflejo de su cosmovisión. Sus diversas expresiones musicales, gastronómicas, rituales, costumbres, religión, imágenes y símbolos son históricamente un libro abierto de sus relaciones humanas. De ahí se obtiene la importancia y relación que cada sociedad tenía con el agua. El arte nos muestra la relación humana, sus sentimientos; y la arquitectura, nos revela la necesidad de controlarla.

---

[19] Franquet Berni y José María. *60 respuestas al Plan Hidrológico Nacional en Agua que no has de beber*. España: Dykinson, 2010,11.
[20] Serafín Ruíz, 2009, *Mesopotamia y Egipto*, http://www.elauladejc.es/Mesopotamia-Egipto.htm Fecha de Acceso: 22.07.15

1.3.1 La civilización egipcia

Ilustración 12 Mesopotamia - Egipto

En Egipto el agua fue un elemento importante en la creación del Estado, debido a que el río Nilo garantizaba la existencia y sobrevivencia del pueblo que se estableció a su alrededor. Tanto el sol como el río Nilo eran considerados dones de los dioses para mantener la vida en la tierra. El sol era el orden y el tiempo, y el Nilo era la destrucción y la muerte, pero a la vez proporcionaba los nutrientes para una tierra fértil, para la vida, ya que vivían rodeados de desierto.[21] Cada invierno el Nilo inundaba sus tierras, evento que las personas esperaban con ansias, porque de ello dependía la cosecha. Este hecho se atribuía al dios Atón, quien era considerado el creador del mundo.

Para Egipto la vida surgía de las aguas. La inundación del Nilo era en invierno; al retirarse las aguas, dejaban al descubierto algunas colinas aisladas cubiertas de lodo, lo que significaba una promesa de vida. Era para los egipcios señal de un nuevo año agrícola ya que la tierra seca y polvorienta recibía agua, transformándose en fango, creando de esto una tierra fértil, una tierra de campos

---

[21] Cassandra Eason, *Nuevos Misterios del antiguo Egipto*. Barcelona: Robinbook, 2009,101. / Imagen Mapa de Egipto Antiguo.
https://es.wikipedia.org/wiki/Antiguo_Egipto#/media/File:Ancient_Egypt_old_and_middle_kingdom-es.svg
Fecha de acceso: 10.10.15

verdes. Esto originaba la creencia que había ocurrido un milagro, la vida había triunfado sobre la muerte.[22]

Lo vemos expresado bellamente en el Himno a Atón, que indica que el agua era la herramienta usada por el dios Atón para inundar la tierra infértil, y transformarla en una tierra productiva, de torrentes que llevan la vida a los campos para dar flores y frutos a las cosechas.

> Tú provocas la inundación desde el mundo subterráneo,
> y la llevas al lugar que deseas para proporcionar vida a los hombres,
> pues tú los has creado para ti, su señor absoluto, que se sacia con ellos, señor de todas las tierras que se levanta para ellas,
> el disco de las horas del día, ¡cuya presencia es imponente!
> y para todos los lejanos países creas su vida.
>
> Tú has concedido una inundación en el cielo,
> para que pueda bajar hasta ellos,
> y creas torrentes sobre las montañas, como el Gran [Mar] Verde,
> para mojar sus campos con las cosas que les convienen.
> ¡Cuán efectivos son tus planes, oh señor de continuidad!
> Una inundación en el cielo, que es para los extranjeros y para todos los rebaños extranjeros que caminan sobre sus patas;
> y una inundación cuando viene del mundo inferior para la tierra cultivada[Egipto], mientras tus rayos alimentan a todos los campos.
> Cuando surges, ellos viven y florecen para ti.
> Tú creas las estaciones para desarrollar toda tu obra:
> la estación de la Crecida para refrescarlos,
> y el calor para que puedan sentirte.
> Tú has creado el cielo lejos, para subir, para contemplar toda tu obra,
> siendo único y alzándote en tu forma de "Atón viviente",
> manifiesto, brillante, lejano y sin embargo cercano.
> Tú creas millones de formas para ti mismo,
> tú que eres uno solo: ciudades, villas, campos, el camino del río.
> Todos los ojos te observan delante de ellos,
> pues tú eres el Atón de las horas del día sobre la tierra.
> Una vez que te has ido, no puede existir nada….[23]

El Nilo daba forma al mundo egipcio; era la vida que corría hacia el norte, hacia las otras naciones. Tal era su importancia en esta civilización que se dibujó y se pintó en los muros de las tumbas donde el Nilo reflejaba la fuerza del caos, el equilibrio, la vida y la muerte.[24]

---

[22] H.A. Frankfort y otros, *El Pensamiento Prefilosófico Egipto y Mesopotamia*. México: Fondo de Cultura Económica,1954, 54 -73.
[23] Nicholas Reeves, *Akhenatón. El falso profeta de Egipto*. "Himno a Atón". http://www.universidadsise.edu.pe/images/biblioteca/descargas/historia/libros/himno-aton.pdf Fecha de acceso: 17.08.15
[24] Cassandra Eason, *Nuevos Misterios del antiguo Egipto*. Barcelona: Robinbook, 2009, 105.

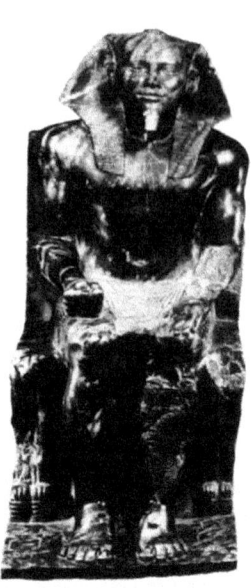

Ilustración 13: Imagen de Quefrén encontrada en 1860, es una escultura del Imperio Antiguo. Se representa al Soberano con una perfección idealizada en una actitud extremadamente hierática. Expresa muy bien el concepto de divinidad real (Museo el Cairo) / Alberto Siliotti. Antiguo Egipto. LA civilización del Nilo. Barcelona. Folio S.A. 2017.128

Este poder también se le atribuía al Rey de Egipto, quien se creía que traía la fertilidad a través de las aguas fecundas del Nilo. El rey tenía el poder de dominar las aguas, por lo tanto, el Nilo se encontraba a su servicio. El poder que residía en las manos de Faraón era inmenso, ya que se creía que la esencia del dios Ra estaba en él, para así ejercer la función de Pastor y Rey con el fin de guiar y controlar el Estado de Egipto.[25]

Dada la importancia del Nilo, se fomentaron medios para las mediciones del río, llegándose a desarrollar allí el estudio de la astronomía y las matemáticas.[26] Esto permitió el desarrollo arquitectónico, como las pirámides, monumentos que son muestra de cómo la conciencia de poder del ser humano pudo vencer a las fuerzas de la naturaleza dejándola bajo su control.[27]

En el arte de Egipto también se evidencia el agua como un factor de suma importancia, especialmente como un elemento de meditación y de representación de los sueños y las creencias de las sociedades, y también como

---

[25] Frankfort H.A. y otros,110.
[26] David Rosalie, *Religión y Magia en el Antiguo Oriente*. España: Crítica, 2004, 17.
[27] Frankfort H.A. y otros, 167.

un espacio de expresión cultural. El agua es símil igualmente de tiempo y de vida.[28]

El arte egipcio fue una actividad más oficial que popular, pues estuvo al servicio del faraón, la nobleza y los sacerdotes. Surgió la preocupación por la vida del más allá y la necesidad de culto a los dioses. Por ello se crearon grandes tumbas en las rocas o subterráneas donde se pintaban murales con la descripción de la vida después de la muerte. En ellas el agua tomaba un papel significativo, especialmente en el viaje hacia el mundo de los muertos, o el viaje hacia el más allá.[29]

Ilustración 14: Jeroglíficos de tumbas egipcias

El agua o río Nilo era el camino hacia el mundo de ultratumba.[30] La importancia del agua en esta travesía quedó registrada en los grandes murales encontrados hoy en las pirámides y tumbas reales.

Cuando moría la persona, era embalsamada y puesta en una tumba con sus riquezas, alimentos y con una variedad de objetos que representaban la comodidad que tuvo en la vida terrenal. Con ellas se buscaba garantizarle una vida de comodidad después de la muerte. Se creía que el espíritu del ser humano emprendía un viaje junto a Ra y que era llevado en una embarcación a través del

---

[28] Juan Pando Despierto, "Agua y el Tiempo en el arte. Espacio, Tiempo y Forma". Revista UNED, Serie Vil, H.del Arte, T. 6, 1993, 647.
[29] *Las tumbas egipcias, Arte e Historia.* Video. https://investigayaprende.wordpress.com/webquest/1%C2%BA-eso/ciencias-sociales/tumbas-egipcias/ Fecha de Acceso: 22.07.15
[30] La muerte para los egipcios era un arduo viaje, una lucha para atravesar un peligroso inframundo; su única guía era una serie de poderosos conjuros llamados los *Libros de los muertos*. Video: National Geografic. https://www.youtube.com/watch?v=yS0q9CKDiQY&feature=youtu.be Fecha de Acceso: 22.08.15

Nilo hasta llegar a presentarse ante Osiris.[31] Un ejemplo es la imagen donde encontramos la embarcación Solar de Quéope.[32]

Ilustración 15: La barca Solar en el Arte del Antiguo Egipto.

1.3.2 La civilización mesopotámica

Ilustración 16 Mapa Mesopotamia Antigua

---

[31] José María Benito Goerlich, "La barca Solar en el Arte del Antiguo Egipto". ARS LONGA. N° 18. 2009.33 Imagen: http://artehistoriaegipto.blogspot.com/2013/01/libro-de-las-puertas.html Fecha de Acceso: 23.07.15.
[32] Una embarcación de más de 42 metros de eslora y de 45 mts. de manga, fue descubierta en 1954 a poca distancia del lado sur de la pirámide, en una fosa de más de 3 mts. de profundidad. Esta embarcación permitiría al alma del faraón navegar eternamente/ Alberto Siliotti, *Antiguo Egipto. La civilización del Nilo*. Barcelona: Folio S.A, 2017.123.

En la civilización mesopotámica, el agua igualmente toma un valor fundamental en el desarrollo del Estado. Aquí se encuentran dos ríos, el Tigris y el Éufrates, que, contrario al Nilo, son ríos acaudalados e impredecibles.[33]

La fuerza de la naturaleza se imponía sobre el ser humano, demostrándole su poderío al arrasar cosechas, destruir diques con vientos que soplaban, lluvias torrenciales, truenos e inundaciones anuales. Por ello la cosmovisión mesopotámica del cosmos era diferente a la egipcia.

En la cosmovisión mesopotámica se aplicaba a la naturaleza la experiencia de la vida en sociedad. Se personificaba cada fenómeno, concibiéndolo como una organización social y política, donde las decisiones se tomaban en asamblea, logrando un equilibrio cósmico; un Estado cósmico, donde muchas fuerzas cooperaban en el curso del universo.[34] Para Mesopotamia el universo se veía como un Estado. Es decir, que tanto el universo como cada fenómeno natural poseía personalidad y voluntad.[35] Al igual que en el Estado mesopotámico, el Estado cósmico tenía rangos y niveles de poder. El poder máximo lo tenía la asamblea de dioses, cuyo dirigente era el dios Anu, el dios del cielo. El poder de esta asamblea de dioses era el poder que los mesopotámicos atribuían en y detrás de los fenómenos naturales.[36]

En el contexto mesopotámico, el poder del agua era un poder creador, en movimiento. Contrario a la tierra, que era estática, el agua movía, corría por valles y montañas, inundando los campos y las siembras para luego desaparecer. Pero antes cumplía su objetivo de producir vida. Por ello, se le consideró con un poder inteligente que provenía de Enki, el dios del agua y de la inteligencia.[37] El poder creador del agua no solo se consideraba en su cotidianidad en el campo, sino que este hecho explicaba el origen del cosmos. Este origen surgió del caos donde todo era agua. Apsu, que representaba las aguas dulces, Tiamat, que representaba al mar, y Mummu, que representaba la neblina y las nubes, estaban mezcladas en una masa indefinida desde donde nacen los dioses. Y al igual que el caos primordial, el mundo nació en otro caos, un conflicto de dos fuerzas antagónicas, la lucha entre el dios Marduk y la diosa Tiamat,[38] donde se le dio autoridad a un dios sobre la asamblea de dioses, como poder político y social. En este mito de la destrucción de las aguas caóticas, el Estado mesopotámico

---

[33] Mapa de Mesopotamia Antigua. http://escola.britannica.com.br/assembly/183492/A-Mesopotamia-era-uma-antiga-regiao-entre-os-rios-Tigre Fecha de Acceso: 10.10.15
[34] H.A. Frankfort y otros, 181.
[35] Ibid.,176-179
[36] H.A. Frankfort y otros,183.
[37] Ibid.,195
[38] Mito que analizaremos por aparte más adelante al explicar la cosmovisión del mundo en el Medio Oriente.

ubicaba las bases de la organización social y política de su civilización.[39] La triada de dioses que adquirió supremacía en el panteón mesopotámico incluía a An, dios del cielo; Enlil, dios de la tierra; y Enki, dios del agua.[40]

Ilustración 17 dios Enki

Enki era el dios de las aguas dulces; dios de la sabiduría, la agricultura, la magia, las artes y la artesanía. Su característica más importante era su "grandeza de oído", dando énfasis a la importancia de que todo era trasmitido oralmente. Era el encargado de la distribución de los "destinos", y aplicaba las leyes promulgadas por Enlil, "dios Supremo."[41] Era la deidad más antigua y se representaba como un hombre barbudo, rodeado de aguas que fluían.[42] En este imaginario el agua era un elemento que reflejaba el poder del dios, quien tenía la sabiduría y la potestad para dar vida, transformarla o quitarla.

---

[39] H.A. Frankfort y otros, 228-239.
[40] De la unión de An, dios del cielo, y Ki, dios de la tierra, nacieron los grandes dioses, los Anunnaki, especialmente Enlil, el dios supremo sumerio-acadio. Este mito fue adoptado por los babilonios y asirios. "Epopeya Cósmica Enuma Elish". Son poemas que se encuentran en siete tablillas, redactadas probablemente en Babilonia por Nabucodonosor I (1124- 1103). Georges Roux. *Mito Sumerio. Mesopotamia. Historia política, económica y cultural*. Madrid: Akal.2002.110.
[41] *Ibid.,*105.
[42] Imagen dios Enki. http://www.mesopotamia.co.uk/gods/explore/ea.html Fecha de Acceso: 09.02.15

Ilustración 18: Lucha entre Tiamat y Marduk

El agua juega un papel en las luchas de poder entre los dioses mesopotámicos. El Enuma Elish cuenta cómo el lugar del dios supremo ocupado por Enlil, dios sumerio-arcadio, fue asumido por Marduk, dios babilónico, a raíz de su derrota de la diosa Tiamat, diosa del mar y el agua salada, existente antes de la creación del cielo y la tierra.[43] Este monstruo hembra, representación del Caos primigenio,[44] amenaza a los dioses, quienes nombran a Marduk para enfrentarla. Este asiente con la condición de ser nombrado príncipe de los dioses o dios supremo. Así los dioses entregan todos sus poderes a Marduk para que venza a Tiamat.

Al aproximarse Marduk, el ejército enemigo retrocede, y Tiamat lo enfrenta sola, manteniéndose firme. Inicia la batalla, y Marduk despliega una red y envuelve a Tiamat en ella. Marduk vence a Tiamat, la machaca y parte su cuerpo a la mitad. Vence el Caos acuático primigenio y con ello crea la tierra y el cielo, y se establece como dios principal. De la mitad superior de la diosa se creó el cielo; de su mitad inferior, la tierra firme y de sus lágrimas se formaron los ríos Tigris y el Éufrates de donde nacieron las civilizaciones mesopotámicas,[45] como lo expresa Enuma Elish:

---

[43] Mitos y Leyendas. http://www.mondo-libero.eu/dioses_mesopotamicos.htm Fecha de Acceso: 03.03.2014.
[44] Según el Enuma Elish, Apsu decide destruir a sus hijos porque le perturbaban, y uno de ellos, el dios Ea (Enki según la cosmovisión mesopotámica), el dios de la magia, se anticipa a los deseos de su padre haciendo un conjuro y derrama sueño sobre su padre, para luego matarlo. Tiamat, enfurecida por la muerte de su esposo, crea una legión de demonios y los pone bajo la orden de su nuevo esposo Kingu para combatir a los dioses. http://www.cresourcei.org/enumaelish.html Fecha de Acceso: 03.03.2014
[45] El Enuma Elish es un mito babilónico o mesopotámico de la creación que cuenta la lucha entre el orden cósmico y el caos. http://www.cresourcei.org/enumaelish.html Fecha de Acceso: 03.03.14.

Entonces el Señor se detuvo en considerar el cadáver, (y) como podría dividir el aborto y hacer de él obras llenas de arte. La separó, como a un molusco, en dos partes; la mitad de ella colocó en lo alto y la desplegó como firmamento, lo señaló mediante barreras y apostó guardias. Les encomendó que no permitiesen escapar a sus aguas. Recorrió los cielos y supervisó las regiones. Estableció en ellos la contraparte del Apsu, morada de Nudimmud. Al medir el Señor las dimensiones del Apsu, una Gran Mansión, su semejanza, estableció como Esharra; la gran mansión, Esharra, la que formó, los cielos. Hizo que Anu, Enlil y Ea ocupasen ahí las residencias suyas.[46]

Finalmente, en el relato Marduk creó a los seres humanos y les puso una función que labraran la tierra y que usaran los canales para alimentar a los animales, y adoraran a todos los dioses en los festivales. Lograron así que los dioses concedieran a Marduk la posición permanente de "dios Supremo", declarándolo el "dios Creador". El símbolo de Marduk es la daga cerrada que él sostiene en su correa y que le ayuda a mantener orden en los cielos.[47]

Ilustración 19: dios Ea

En esta mitología los dioses y las diosas son la fuerza creadora y soberana del cosmos y del ser humano. Son los dioses quienes otorgan la felicidad, la desdicha, la enfermedad y la sabiduría a la humanidad como parte de su obra divina. Y el agua es el Caos que lucha con desbordarse e imponer su reino de terror, descontrol y desorden.[48]

---

[46] Nota: Las aguas de la mitad superior del cuerpo de Tiamat, es el mar. - Luis Astey V., *Enuma Elish. Traducción. Tablilla IV*. Mexico: Universidad Autónoma Metropolitana. 1989, 135,140-145.
[47] Sobre Leyendas. http://sobreleyendas.com/2008/07/13/el-mito-de-tiamat Fecha de Acceso: 03.03.14.
[48] Othmar Keel, *La iconografía del antiguo Oriente y el Antiguo Testamento*. Madrid: Trotta, 2007.45.

Podemos decir que los mitos intentan buscar una explicación mítica de la existencia del mundo, atribuyendo a las divinidades poderes sobre lo creado. Lo interesante de este relato o creencia del mundo antiguo es que el agua primigenia representa el Caos, el poder maligno, la que está en constante lucha por irrumpir el orden establecido por los dioses.

Ilustración 20: Embarcación mesopotámica

En el arte también se vio reflejada su creencia, su cosmovisión religiosa de su tiempo. Podemos ver en esta imagen cómo el dios Ea, dios de las profundidades, se encuentra en su estancia, rodeada de agua por todos sus lados. Dos arroyos manan de sus hombros y sobre ellos aparecen tres peces. A la derecha de su morada hay un sirviente arrodillado, que sujeta el poste de una puerta. Esta puerta sellaría las profundidades de la tierra y sus reservas de agua potable, manteniendo fuera al Caos. Ea es el señor de las profundidades; el Caos aparece en forma de león alado, y es controlado. Para el Medio Oriente Antiguo, el Caos primigenio se hace presente en el mar, por lo que se cree que el león puede representar al mar.[49] Esta imagen nos muestra el poder de las divinidades, sometiendo al Caos, pero a la vez permitiendo que el agua fluya controlada, en orden bajo el control de los dioses, permitiendo la vida y permitiendo el uso de ella como medio de transporte.

---

[49] Keel, 43.

El arte mesopotámico era muy variado debido a la gran cantidad de civilizaciones que se asentaron en esa geografía: sumerios, arcadios, asirios y babilónicos.

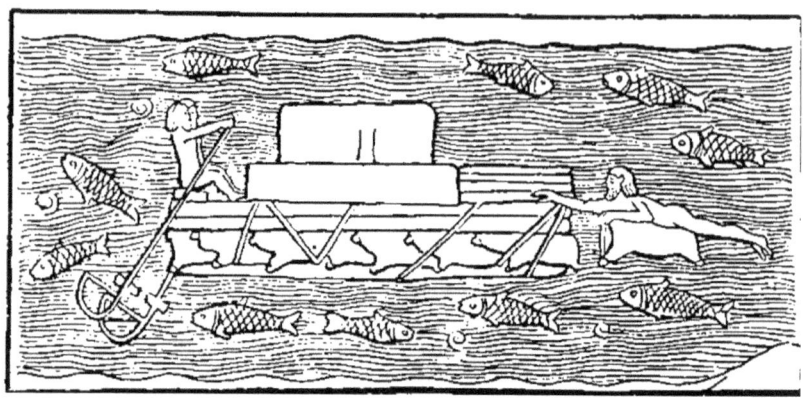

Ilustración 21: Transporte de mercancías. Bajorrelieve de Nínive

En las pinturas y relieves encontrados en el palacio de Senaquerib en Nínive se evidencia claramente la importancia de los ríos, como vía de comercialización y de movilización en la guerra. En la imagen encontramos una embarcación de guerra.[50]

El Tigris y el Éufrates se usaban como vías fluviales para el transporte de mercancías, incluyendo maíz, dátiles, semillas de sésamo, madera de Babilonia, lana y aceite. Es posible que las balsas flotaran en pieles infladas, como lo evidencian los bajorrelieves de Nínive.[51] Por lo tanto, los ríos eran una vía de navegación y comunicación con otras regiones, ayudando al desarrollo de relaciones comerciales con ciudades cercanas a Mesopotamia.

---

[50] Imagen de embarcación mesopotámica.
http://www.almendron.com/historia/antigua/prerromanos/ibera/formacion/precedentes/fenicio/fen_02.htm Fecha de acceso: 17.08.15.
[51] Leonard W. King, *A History Of Babylon From The Foundation Of The Monarchy To The Persian Conquest.* S/f. http://www.cristoraul.com/ENGLISH/readinghall/UniversalHistory/Ancient_History/A-History-Of-Babylon/5-Age-Of-Hammurabi.html Fecha de acceso: 17.08.15

1.3.3 La civilización greco-romana

Ilustración 22: Mapa de Grecia Antigua

Otra civilización influyente en el texto bíblico, en la que fue muy importante el agua, es Grecia. Su geografía nos muestra que tiene como base el mar, ya que son más de dos mil islas. "Cuando se habla de Grecia, se habla de un país marino, de un universo de agua. Y el alma de esa nación, desde siglos atrás, reside más en sus islas, que en sus tierras continentales. El agua, por lo tanto, condicionó el devenir y crecimiento de Grecia desde sus orígenes".[52] Desde el punto de vista cosmológico, se creyó que el agua era el origen del universo. En lo técnico, se inventaron grandes artificios, como acueductos, cisternas y pozos, o la recolección de agua de lluvia del palacio, todo ello con el fin de controlar las aguas y darle uso de acuerdo a sus necesidades.

En el contexto greco-romano, en las aguas de mares y arrecifes, manantiales y lagos también se encontraban sirenas y ondinas. Eran las "mujeres de agua", espíritus femeninos que eran protagonistas en leyendas de amores y tragedias,

---
[52] Ana M. Vásquez, Revista Agua y Culturas. *"Tecnología del agua"*. N°276. Septiembre. 2006.92 Disponible en: file:///C /29516172-La-importancia-del-agua-en-las-civilizaciones-antiguas-Grecia.pdf fecha de acceso: 04.02.16 - Mapa de Grecia antigua. http://www.lahistoriaconmapas.com/atlas/grecia-mapa/grecia-antigua-mapa-politico.htm Fecha de Acceso: 05.02.16

seres invisibles que estaban presentes en el imaginario colectivo popular de griegos y romanos[53].

También el agua formaba parte de los rituales de la vida cotidiana del ciudadano libre: se bañaba ritualmente en tres momentos significativos de su vida: al nacer, en el momento de contraer matrimonio y después de la muerte, para así asegurar una vida larga y feliz y una pacífica vida en el más allá. Eran numerosas las fuentes, aguas, estanques o ríos relacionados con estas creencias.[54] Ellas nos muestran la importancia del agua en el ámbito material relacionado con los seres humanos, tal como en el ámbito cósmico referido a lo divino.

Ilustración 23: Inframundo griego

En lo mitológico, dioses y divinidades acuáticas inundaron su forma de vivir y creer, todas relacionadas con el agua y sus poderes curativos, a los que se dedicaron múltiples templos. En lo geográfico, el mar ha sido para esta civilización un camino a la expansión, tanto para las colonizaciones, como para vender su producción, sobre todo la cerámica: un producto elaborado a base de tierra, agua y madera como combustible[55]. En la muerte también estaba presente el agua: los fallecidos entraban al inframundo cruzando los ríos Cocito (que significa lamento), Periflegetón (fuego) y Aqueronte (dolor e infortunio), guiados en una barca por Caronte. Este cobraba por el pasaje un óbolo, pequeña moneda que los piadosos familiares ponían bajo la lengua del difunto[56].

---

[53] Ana M Vázquez ,102.
[54] Ana M Vázquez ,103
[55] Ana M Vázquez ,95
[56] Magally Villalobos, *A puntadas Cuaderno de Mitología griega y psicología arquetipal*. ALFADIL. Vol. I.2004. 244-246. - Imagen: Inframundo Griego: *Parte del mundo gobernada por Hades.* http://snk-seiya.net/guiasaintseiya/Dicc-H.html Fecha de Acceso: 24.07.15

1.3.4 El agua y la arquitectura

Cada civilización creó grandes proyectos arquitectónicos que derivaron de la necesidad de canalizar, almacenar, controlar y distribuir el agua. La arquitectura en la civilización mesopotámica tuvo un gran desarrollo. La razón fue la necesidad de controlar el agua debido a la sequedad de la geografía; para ello se tuvo que construir acueductos con el fin de transportarla a la ciudad.[57] Además, se construyeron muelles, canales, diques y puentes.[58] Los ríos fueron un medio de comunicación con otras ciudades, lo que derivó también a la construcción de barcos, lo que llegó a ser un arte especial mesopotámico.

Ilustración 24: El pozo de Calícaros en Eleusis (siglo VI a. C.) cisternas de variadas formas.

El mundo griego encontró en el mar un medio de transporte para comercializar con otras civilizaciones, llegando a dominar el mar y así desarrollarse como grandes navegantes. Construyeron puentes, canales, acueductos y alcantarillas; obras hidráulicas controlaban las aguas para evitar los desastres sobre las ciudades debido a las grandes lluvias.

---

[57] Un ejemplo es el acueducto de Senaquerib de más de 50km de recorrido que llegaba a Nínive desde las montañas. - Josef Klíma, *Sociedad y cultura en la antigua Mesopotamia*. Madrid: AKAL,1964.143.
[58] El río Éufrates dividía Babilonia. El historiador Quinto Curcio, al describir las maravillas de Babilonia, cuenta de la presencia de un puente de piedra que evitaba el cruce del río en embarcación, obra que se le atribuye a una reina. Era conocida como Nitocris o Semíramis. - Juan L. Montero. *Breve Historia de Babilonia*. Madrid: Nowtilus, S.L. 2012. 171. - Un ejemplo del dique está en la imagen en el río Khosr, en Shallalat, a unos 13 km. de Nínive, río arriba. Es probable que formara parte del sistema de canales de Senaquerib. Fue restaurado por la población local en 1970, y sigue funcionando como presa. – Michael Roaf, *Mesopotamia*. Barcelona: Folio, 2004.187.

Ilustración 25: Río Khosr en Shallalat a unos 13 Km de Nínive - Acueducto de Senaquerib

También abastecieron sus ciudades con fuentes y cisternas donde recogían el agua lluvia en tiempo de abundancia para ser utilizada en el tiempo de escasez en estanques para peces y riego. Las aguas fueron controladas con el fin de mantener una vida cómoda, sana y segura en caso de ataques enemigos, creando una red de acueductos subterráneos, haciendo llegar el agua a los baños, fuentes y cisternas dentro de las ciudades.[59]

Ilustración 26: Acueducto Romano

---
[59] Ana M. Vásquez, 92-98.

Siglos después, la ciudad de Roma fue considerada "la ciudad de las fuentes", una ciudad construida en agua. Hace 2.000 años atrás los emperadores suministraban a la ciudad imperial a través de acueductos que trasladaban el agua a la ciudad de 750.000 habitantes (ver imagen),[60] agua pura y abundante que se distribuía entre los más de 1.000 baños públicos y las 1.212 fuentes, símbolo del control y poder sobre la naturaleza.[61]

Estos desarrollos culturales son testigos de cómo los pueblos fueron capaces de crear grandes construcciones con el fin de controlar el agua, para dar fertilidad a la tierra, para ser medio de comunicación y ponerla en movimiento, trasladándola de un lugar a otro cuando la falta de ella amenazaba con la muerte.

1.4 EL AGUA EN EL MUNDO DE LA BIBLIA

1.4.1 El agua en la cosmovisión bíblica

Ilustración 27: Cosmovisión del Mundo Antiguo

---

[60] Imagen de Acueducto Romano. Historiarum. Disponible en: http://historiarum.webnode.es/news/los-acueductos-romanos-por-jose-hernandez-zuniga-/
[61] Terje Dale. *A Journey in the History of wáter*. 04.45 hrs. Producido por Norwegian Broadcasting Corporation and University of Bergen. 2001.

Habiendo hecho un repaso de la cosmovisión y culturas antiguas con relación a la importancia del agua, en esta sección nos enfocaremos específicamente en la representación del agua en la Biblia, empezando con el entorno en el que surgen los escritos bíblicos.

El agua tenía un lugar importante en la cosmovisión de los pueblos del entorno de Israel. En muchos lugares, los ríos y las fuentes se identificaban como lugares donde habitaban dioses y diosas, y se creía que las aguas de dichos lugares poseían poderes curativos especiales o proporcionaban virtudes proféticas a quienes las bebían.[62] Para entender la concepción del mundo en el entorno del antiguo Israel, es necesario comprender la concepción del cosmos que hay en los textos del Antiguo y Cercano Oriente. Ella es muy diferente a la nuestra, que se vislumbra de igual manera en el Antiguo Testamento.

En la cosmovisión mesopotámica se comprendía el cosmos como un cielo inmenso, una enorme llanura y mucha agua. La tierra era un disco plano que flotaba sobre el agua dulce, y estaba rodeada por el océano, cerrado por un anillo de montañas. Todo el conjunto se hallaba contenido en una esfera, cuya mitad superior formaba el cielo, como una sólida bóveda. La mitad inferior, invisible y misteriosa, era el mundo subterráneo, los infiernos. Esta esfera estaba suspendida en el mar, el que se consideraba eterna e ilimitada[63] (ver Figura 15).[64] La bóveda celeste, se creía que era sólida, como metal fundido, con compuertas que eran abiertas ocasionalmente por las deidades para dejar caer el agua en forma de lluvia sobre la tierra.[65]

Esta cosmovisión del mundo se relacionaba directamente con las deidades, ya que muchos de los fenómenos no se podían explicar y por ello se atribuían a la acción de las divinidades. Como señalamos en párrafos anteriores, esto se daba especialmente con relación a la naturaleza y su poder, ya sea como benefactora o como destructora. Esta concepción del mundo era resultado de las experiencias de vida, del esfuerzo por observar el entorno y tratar de comprenderlo. Lo anterior estaba condicionado a las limitaciones de tiempo, clima y cultura.[66]

---

[62] Un ejemplo son las aguas de la fuente Castalia en Delfos a las que acudía la Pitonisa antes de desempeñar sus funciones proféticas.
[63] Roux, 109.
[64] Imagen: Keel, 51.
[65] Jean Bottéro. *La religión más Antigua, Mesopotamia.* España: Trotta, 1998, 59.
[66] Urbano Ferrer S., *Filosofía Y Cosmovisión.* 173.
https://imo.im/fd/G/YDXX3stZCT/02._URBANO_FERRER_SANTOS_Filosof_a_y_cosmovisi_n.pdf

1.4.2 La importancia del agua en la Biblia

Todo lo que hasta aquí hemos hecho es conocer las mitologías que se relacionan con el agua en algunas civilizaciones del Antiguo Oriente, ya que estas influenciaron fuertemente la vida en el contexto de Palestina. Estas mitologías le dan el trasfondo sociocultural para comprender el análisis del motivo literario del agua en movimiento, ya que la cosmovisión del Antiguo Oriente es un reflejo de la importancia que el agua tiene en el contexto del mundo de la Biblia. A continuación, daré una mirada al valor del agua a nivel material, sociocultural y religioso descrito en la Biblia.

En la Biblia, desde el principio en Génesis y hasta el final en Apocalipsis, el tema del agua está presente, jugando un rol importante en la travesía del pueblo de Israel. En el ambiente semidesértico de Judá e Israel el agua tenía un papel importantísimo dentro de su diario vivir. Esta importancia se vislumbra claramente en las descripciones de la tierra prometida. Israel, habiendo salido de Egipto, avanza por tierras áridas con la esperanza de encontrar la tierra prometida (Dt 11.9). La tierra fue idealizada, como se describe en Deuteronomio 8.7 y 11:11, donde vemos una tierra llena de agua:

> Pues Yahvé tu Dios te introduce a una tierra buena, tierra de arroyos נַחַל, de fuentes עַיִן de agua מַיִם y manantiales תְּהוֹם que fluyen en los valles y en las montañas,...[67] (Dt 8.7).
>
> La tierra a la cual pasáis para poseerla (יָרַשׁ) es tierra de montes y de valles, que bebe שָׁתָה las aguas מַיִם de la lluvia מָטָר de los cielos שָׁמַיִם;...(Dt 11.11).

Estos versículos nos muestran a la tierra como un lugar que depende plenamente de la lluvia de Yahvé. Es una tierra de "montes y valles" que son lugares con agua, por lo tanto, fértiles. Y esto se explica de la siguiente oración: …"bebe שָׁתָה el agua מַיִם de lluvia מָטָר de los cielos". Esto alude a la cosmovisión del israelita, la lluvia viene del Dios Supremo, Yahvé.

El pueblo de Israel entendía que la fertilidad de la tierra dependía de Yahvé, y que él aseguraba la vida y el sustento para el año en todos los ciclos de la cosecha. Tenían en Yahvé la seguridad que, al entregarles la tierra, obtendrían el sustento para su pueblo, ya que confiaban que los ojos de Yahvé estaban atentos a ella. El verso 12 enfatiza el cuidado de Yahvé sobre esta tierra. El verbo "cuidar" דָּרַשׁ, quiere decir que se ocupaba de la tierra,[68] para que no faltase nada.

---

[67] Dt 8.7 RBJ 1976.
[68] Luis Schökel, *Diccionario Bíblico. Hebreo- Español*. Valladolid: Trotta, 1994, 186.

Este texto nos refleja la importancia del agua para el pueblo de Israel y cómo el agua estaba unida a la presencia de Yahvé a quien se le atribuía el poder de proveedor, comprendiendo que el agua aseguraba la existencia del pueblo.

Pero no solo la lluvia, ríos y valles sino también los pozos buscaban garantizar la provisión del agua; por tanto, adquieren una importancia primordial en la cultura del antiguo Israel en la Biblia. Los pozos existían en los lugares desérticos y, cuando la Biblia nos habla de los pozos, nos muestra cómo la vida se desarrolla a su alrededor. Prueba de ello es la narración que leemos en el libro de los Números:

> Y de allí fueron a Beer - Este es el <u>pozo (בְּאֵר)</u> a propósito del cual dijo Yahvé a Moisés: «Reúne al pueblo y les daré agua.» Entonces Israel <u>entonó este cántico</u>: Sobre el <u>Pozo (בְּאֵר)</u>. Cantadle, <u>Pozo (בְּאֵר)</u> que cavaron Príncipes, que excavaron los jefes del pueblo, con el cetro, con sus bastones. - Y del desierto a Mattaná,… (Nm 21.16-18)

En esta narración vemos al pueblo camino a la tierra prometida. Hace un alto en su viaje para celebrar la apertura del pozo, la que, de acuerdo a su cultura, se hacía cantando. Por medio de él reforzaban su identidad como pueblo.[69]

La palabra pozo, בְּאֵר que se repite 3 veces en estos versículos, en hebreo significa "manantial", agua que corre subterránea y que está ligada a la fertilidad de la tierra y el sustento del pueblo[70]. También se puede ver como agua del Caos, amansada y controlada por el ser humano[71]. Generalmente los pozos eran cavados y protegidos por las aldeas y eran utilizados para el consumo de las personas, animales y para el riego de las cosechas (Gn 26.17-22).[72]

El agua era el único medio que permitía la fertilidad de la tierra, por lo tanto, la vida para el pueblo. Por eso los pozos eran un tesoro muy preciado por los pueblos, pastores y comunidades; pero también generaban luchas por el control del agua. Génesis 26. 21-22, nos relata una disputa por el agua.

> <u>Cavaron</u> los siervos de Isaac en la vaguada y **encontraron** allí un pozo de aguas vivas. Pero riñeron los pastores de Guerar con los pastores de Isaac, diciendo: "El agua es nuestra." El **llamó** al pozo Eseq, ya que se habían querellado con él. **Excavaron** otro pozo, y también riñeron por él: lo **llamó** Sitná. Partió de allí y <u>cavó</u> otro pozo, y ya no riñeron por él: lo **llamó**

---

[69] Otto Eissfeldt, *Introducción al Antiguo Testamento I.* Madrid: Cristiandad, 2000, 178.
[70] Schökel,100.
[71] Erhard S. Gerstenberger, *El agua en el Antiguo Testamento.* Concilium. N° 348. Nov. España: Verbo Divino, 2012, 46.
[72] John Walton y Victor Matthews, *Comentario del contexto cultural del Antiguo Testamento.* El Paso: Mundo Hispano, 2004, 51.

Rejobot, y dijo: "Ahora Yahvé nos ha dado desahogo, y prosperaremos en esta tierra" (Gn 26.19-22).

Si vemos los verbos "cavar", "encontrar", "excavar", hacen énfasis en poseer, ser propietario del pozo, por lo tanto, de la tierra. Así, cavar un pozo evita a futuro disputas.[73]. Esto lo vemos en el tratado de paz en Bersebá realizado junto al pozo, entre Isaac y Abimelec (Gn 26.30-33). Implica un reconocimiento de los vecinos de Isaac de que su presencia es aceptable en la tierra.[74] El ponerle nombre a un pozo era una forma de tomar dominio y así establecer derecho sobre él. El agua aseguraba la vida en la sequedad del terreno, daba poder en la tierra, por lo que la lucha por ella y el control sobre ella aparece una y otra vez en los relatos bíblicos.

La importancia del agua material, usada en lo cotidiano para la sed y la agricultura, se ve reflejada también en el agua sagrada, el agua utilizada para los ritos religiosos y las purificaciones rituales. La ley Mosaica daba énfasis en la limpieza espiritual como la física, descrito en Lv 11.28; 14:1-9; 15.1-32; Dt 23.10, 11. Como Yahvé era considerado un dios puro, sin mancha, ni pecado, se le exigía al judío que debía purificarse para acercarse a su dios, así que la ley demandaba que todo ser humano se limpiara, la limpieza no solo refiriéndose a la higiene sino también moral.

El empleo del agua como medio de purificación ritual estaba presente en casi todas las culturas del Antiguo Oriente Medio y se relacionaba con lo que era calificado como "impuro". Así con el uso del agua debía volver al estado de pureza. La impureza era todo lo que interrumpía el desarrollo de la vida normal de vida individual y colectiva, dado que representaba una amenaza para lo santo. El pecado era concebido como "suciedad". Por ello las personas, para purificarse, usaban los baños rituales, los que consistía en sumergirse en agua. "La inmersión total o parcial del cuerpo en el agua de un río, del mar, o de una piscina o bañera, etc. Era por excelencia un baño ritual donde se consideraba el agua como sagrada capaz de purificar."[75]

La noción de pureza e impureza era fundamental en el antiguo Israel. La impureza manchaba al ser humano y lo hacía incapaz de acercarse a Dios y al espacio sagrado. Por lo tanto, debía realizar ritos de purificación; en Lv 15. 13-32 precisa casos en que debía utilizarse el agua para lavarse. La purificación

---

[73] Walton y Matthews, 51.
[74] *Ibid.,* 51.
[75] Mónica Miró, "Agua, emociones, sentimientos, experiencias y procesos religiosos" en *Antropología de la Religión.* Barcelona: UOC, 2003, 330.

ritual no aseguraba la pureza de corazón, no tenía una eficacia moral. Solo después, en los profetas, el agua se asocia a la pureza de corazón, una pureza total y de renovación.[76]

También en el Nuevo Testamento se evidencia la importancia del agua. Es importante en su dimensión material, reflejada en las fuentes y los pozos para el sustento de la vida, como ejemplo Mt 10.42; Mc 9.41; Jn 4.7-45, también en su dimensión geográfico por la importancia de los lagos, como el caso de Mt 14.28-29; Lc 8.25. En lo simbólico, es señal de hospitalidad en Lc 7.44, de purificación y limpieza en Ef 5.26; He 9.19;10.22; Stgo 3.11-12 y en 2da Pe 3.6, donde se hace referencia al diluvio. Su importancia religiosa se percibe en el valor del bautismo en Mt 3.11; Mr 1.8-10; Lc 3.16; Jn 1.26; Hch 8.36-39; en su dimensión teológica como en Jn 3.5; 4.14; 7.38; 19.34; 1 Jn 5.8; 2 Pe 2.17; y en su poder sanador como en Jn 5.3-4.

1.5 EL AGUA EN SU DIMENSIÓN SIMBÓLICA

Para Massuh, el agua en la visión bíblica era un símbolo, un elemento cuyo significado trascendía su sentido material, logrando una comunicación entre el ser humano y lo sagrado, porque su naturaleza era mediadora.[77] Es decir, ella nos remite a lo que está más allá de lo humano, a lo divino, ya que se convierte en una manifestación de lo sagrado, aquello que trasciende el espacio, el tiempo y es un misterio para el ser humano limitado. Por lo tanto, el agua como símbolo dentro de la Biblia nos aporta una perspectiva que abre un acceso a una dimensión de la realidad cósmica desde lo material en relación al ser humano. Por eso debemos tener en cuenta que el agua como símbolo no posee un único significado, sino que posee una fuente inagotable de sugerencias dinámicas.[78]

La historia del simbolismo muestra que todo puede asumir significancia simbólica: ya sean objetos naturales o cosas hechas por el ser humano o incluso, formas abstractas o palabras. El ser humano posee la necesidad de crear símbolos; esto quiere decir que transforma inconscientemente los objetos o formas y los dota de gran importancia psicológica, lo que normalmente expresa en su vida espiritual.[79] El símbolo para el ser humano representa algo más que su significado inmediato y obvio. Tiene un aspecto "inconsciente" más amplio que nunca está definido con precisión o completamente explicado. Ni se puede

---

[76] A Hamman, *El bautismo y la Confirmación*. Barcelona: Herder, 1977, 24-25.
[77] Victor Massuh, *El rito y lo sagrado*. Argentina: Columba, 1965,16.
[78] José María Mardones, *La Vida del símbolo*. Santander: Sal Terrae, 2003, 100-101.
[79] Aniela Jaffe, *El simbolismo en las Artes Visuales*. Buenos Aires: Paidós, 1964, 230-232.

esperar definirlo o explicarlo, ya que, cuando la mente explora el símbolo, se ve llevada a ideas que yacen más allá del alcance de la razón.[80]

Tal cual lo vimos antes en las fotografías, en los ejemplos de Francia y Costa Rica, el agua es un símbolo. Ella encierra en sí misma la espiritualidad de las personas; no se puede definir ni se puede caracterizar, pero abarca más allá de lo conocido, trasciende hasta relacionarse con Dios. Jean Chevalier expresa:

> El símbolo es entonces bastante más que un simple signo: lleva más allá de la significación, necesita de la interpretación y ésta de una cierta predisposición. Está cargado de afectividad y dinamismo. Los símbolos… Revelan los secretos de lo inconsciente, conducen a los resortes más ocultos de la acción, abren la mente a lo desconocido y a lo infinito.[81]

Las significaciones simbólicas del agua, acorde a lo estudiado en esta tesis, se pueden ubicar según tres temas dominantes: Fuente de vida, centro de regeneración e instrumento de purificación y santificación. Es fuente de vida, porque es un elemento ideal para dar vida al ser humano, animales y creación, tal cual lo vimos anteriormente en la cosmovisión del mundo antiguo. El agua también es centro de regeneración, ya que, al sumergirse en las aguas, significaba una muerte simbólica; un retornar a las fuentes, y extraer de allí una fuerza nueva: tal cual lo vemos en el bautismo.[82] Finalmente, el agua es instrumento de purificación, debido a su naturaleza, "su pureza conduce a la pureza". Así el agua se convierte en el símbolo de la vida espiritual, tal cual lo vimos en los ejemplos al principio del capítulo "El agua símbolo de la espiritualidad hoy".

1.6 EL AGUA EN MOVIMENTO COMO MOTIVO LITERARIO EN LA BIBLIA

1.6.1 Motivo literario: una breve introducción

Dado que esta tesis analiza el agua en textos literarios, la Biblia de manera específica, se propone analizar el agua "el agua en movimiento", como un motivo literario que atraviesa muchos textos bíblicos. Antes de entrar en el estudio de este tema, es necesario explicar lo que entendemos por Motivo Literario.

---

[80] Carl G. Jung. *El hombre y sus símbolos*. Buenos Aires: Paidós, 1964, 20.
[81] Jean Chevalier, *Diccionario de los Símbolos*. Barcelona: Herder, 1986, 15.
[82] *Ibid.*,52.

El concepto del "motivo" es por primera vez constatado en italiano en el S. XVII, como una pequeña unidad musical compuesta de 4 o 5 notas que se repiten dentro de una obra.[83] El motivo es utilizado como punto de partida para la construcción de obras más extensas debido a que tiene una formación melódica y/o rítmica característica.[84] Así podemos ver que el tema (o la obra) está compuesta por elementos repetitivos llamados motivos. Estas unidades muy pequeñas no pueden ser una obra por si solas debido a su brevedad.

Cuando el término Motivo se lleva a la literatura o más exactamente a la filología,[85] alcanza su valoración como la unidad significativa mínima del tema. Trousson define el motivo literario entonces como el elemento germinal o una unidad primaria, ya que origina una obra mayor, el tema[86]. La característica principal del motivo literario es que es una imagen recurrente que está presente continuamente dentro de la obra y que pasa de unidad germinal a una secundaria.[87] Por lo tanto, podemos decir que el motivo literario no es el tema de importancia, sino que se utiliza para dar énfasis a un tema diferente o nos remite a una realidad presente en un texto.

1.6.2 Propuesta de esta tesis

Cotidianamente el agua es parte de nuestras vidas. En las noticias el agua es protagonista debido a efectos de tormentas, inundaciones, nevadas o sequías, afectando a las personas por las catástrofes que ocasiona: hambruna, muerte, falta de alimentos, sed, destrucción material de terrenos y edificaciones. El poner atención a los quehaceres y eventos diarios donde la protagonista es la existencia o ausencia del agua me ha hecho reflexionar cómo en la Biblia todas estas visiones o imágenes están presentes en el texto, pero no han recibido la atención necesaria. Por ello esta tesis se propone primero analizar los textos bíblicos donde está presente el agua en movimiento como un motivo literario, para comprender así su función y relevancia dentro de los relatos bíblicos, en la relación con Yahvé y los personajes presentes. Ya que el agua en movimiento como motivo formula imágenes y funciones que no han sido analizadas rigurosamente. Al lograr un significado del agua en movimiento en el Antiguo Testamento, podremos comprender la cosmovisión del Nuevo, en relación con el

---

[83] Cesare Segre, *Principios de Análisis del texto literario*. Barcelona: Crítica. 1985.348.
[84] Juan Gutarra, *Análisis de la Música*. 2012. http://analisisdelamusica1.blogspot.com/2012/04/2-motivo-y-figura.html Fecha de Acceso: 19.07.15.
[85] "Ciencia que estudia los textos, su estructura y el análisis de las palabras y del lenguaje". Definición de Filología. http://conceptodefinicion.de/filologia/ Fecha de Acceso: 13.07.15.
[86] Segre, 349.
[87] *Ibid.*, 340 -352.

agua, específicamente en Juan, donde vemos a Jesús que ofrece esta agua que corre, señalando su valor como una fuerza transformadora.

La importancia del agua material y como símbolo ha sido estudiada por diversas ciencias, incluyendo la física, química, biología, y es parte de estudios diversos, como lo son la topografía, geología, hidrología, ingeniería, arquitectura, urbanismo, arte y la literatura. Existe por lo tanto mucho material refiriéndose a su importancia y su significado simbólico. Entre ello tenemos el artículo de Joaquín Yebra,[88] "La Revista Complutense de Madrid", y un video publicado por Al Gore[89] sobre "El Calentamiento Global" donde nos muestra el agua como elemento vital para la vida del planeta y cómo esta agua es motivo de conflicto en los países del Medio Oriente. Y nos lleva a responsabilizarnos como seres humanos para buscar alternativas que eviten la destrucción del mundo en que vivimos.

También tenemos en el área espiritual, la revista Concilium de Teología, "Gestos y Símbolos" de José Aldazábal,[90] "La Celebración en la iglesia" (Sacramentos II) de Dionisio Borobio[91], las que nos aportan la perspectiva de que el agua es un símbolo de purificación. Así como estos textos, existen muchos más enfatizando la importancia del agua espiritual, pero no aportan al tema de estudio, "agua en movimiento", ni a esta forma del agua como motivo literario presente a lo largo de la Biblia.

El estudio del agua en movimiento como motivo literario nos llevará a redescubrir cómo el agua, mencionada muchas veces dentro del texto bíblico, es usada para comprender el verdadero problema que los textos nos presentan. Cuando hablamos de "agua en movimiento" nos referimos a toda el agua que fluye, corre o que se mueve, imágenes como río, corrientes de agua, manantiales, fuentes de agua, que están presentes dentro de las historias bíblicas, imagen contraria al agua estancada.

El agua en movimiento es un motivo recurrente desde Génesis hasta el Apocalipsis, y es usada por los escritores bíblicos para dar a comprender a sus oyentes y lectores temas de gran importancia, como: el poder de Yahvé como

---

[88] Joaquín Yebra, *"Articulo El Agua Y La Biblia"*. Versión PDF. https://es.scribd.com/document/158510142/EL-AGUA-Y-LA-BIBLIA Fecha de acceso: 15.05.16.
[89] Agua, gota de la vida. El Espíritu del Agua". 2016. Corporación de Radio Y Televisión Española. Disponible en: http://www.rtve.es/alacarta/videos/agua-la-gota-de-la-vida/agua-espiritu-del-agua/1962661/ Fecha de Acceso: 07.09.16 Agua, gota de la vida. El Espíritu del Agua". 2016. Corporación de Radio Y Televisión Española. Disponible en: http://www.rtve.es/alacarta/videos/agua-la-gota-de-la-vida/agua-espiritu-del-agua/1962661/ Fecha de Acceso: 07.09.16
[90] José Aldazabal, *Gestos Y Símbolos*. Barcelona: Centro de Pastoral Litúrgica, 2003,191-200.
[91] Dionisio Borobio, *La Celebración En La Iglesia. Sacramentos II*. Salamanca: Sígueme,1999,79.

creador, lo vemos reflejado en el origen de la creación y el origen de Israel; otro tema es la vida y la muerte en manos de Dios; está el poder de Yahvé como proveedor y como un Dios que cuida y acompaña y lucha por su pueblo. Debemos comprender que el motivo literario fue usado como instrumento pedagógico, para expresar temas necesarios para su tiempo y contexto. Es decir, el agua en movimiento como motivo literario genera y evoca a distintas realidades. Es recurrente dentro del texto bíblico porque el agua cumplía un papel relevante en la cotidianidad de Israel, en lo material sustentaba la vida, y en lo religioso era el medio para la purificación, por lo tanto, éste motivo fue usado como instrumento germinal de muchas profecías y de argumentaciones de temas que tañen directamente al pueblo de Israel, los profetas y Yahvé.

En esta tesis hemos llegado a la conclusión que el "Agua en Movimiento" es un motivo literario debido a su presencia continua en la obra mayor, la Biblia.

1.6.3 Metodología de estudio

Dado que existen 526 versículos en el Antiguo Testamento que incluyen el término hebreo מַיִם (agua) y 22 en el Nuevo Testamento con el término griego ὕδωρ (agua), sería imposible trabajarlos todos en esta tesis. Por ello hemos delimitado el objeto de investigación al "agua en movimiento". Primero identificamos todos los textos bíblicos donde ésta aparece, bajo los siguientes términos: en el Antiguo Testamento, en hebreo, agua de río נָהָר; mar יָם; manantial שִׁקְה; fuente πηγή y abismo תְּהוֹם y también lluvia גֶּשֶׁם; en el Nuevo Testamento en griego, agua υδωρ; río de agua καθαρον ζωης y río εντευθεν. Pero aún al revisar este criterio de selección, hemos considerado que es muy amplio; por lo tanto, hemos analizado la función del motivo literario en cada texto y hemos decidido clasificarlos por temas, con el fin de lograr un estudio comprensible del motivo literario.

En los capítulos de la tesis veremos cómo el agua es utilizada para hablar de temas importantes para la vida del pueblo y su relación con Yahvé. Cada tema considera el papel del agua en relación con Yahvé, la creación y el pueblo de Israel. Los temas quedan divididos de la siguiente manera:

En un primer capítulo, para iniciar este estudio, presentaremos una visión general de la importancia simbólica y material del agua para la vida del ser humano y del planeta, y mencionamos también la lucha actual que se presenta en algunos sectores de América Latina debido a su privatización. También definimos por qué creemos que "el agua en movimiento" es un motivo literario.

Y en forma muy breve hemos mencionado la importancia del agua en algunas civilizaciones antiguas quienes influyeron en el contexto sociocultural de Israel.

El segundo capítulo se titula: "Orígenes," debido a que incorpora subtemas relacionados con el origen tanto de la creación como de una nación. Inicio mi estudio con los textos del tema "Yahvé, el dios del agua" (Ez 1.4, 26-28; Sal.68. 4; Sal 77.16-20 y Sal 97.2-6; Sal 29.3; Is 40.22; Sal 104.1-30; Sal 65. 9-13, Job 5.10; Jr 51.15-16), donde expongo la fe de Israel en Yahvé como el Dios de Israel, el Dios creador, el Dios del Agua y cómo el agua en movimiento se relaciona directamente con la divinidad a un nivel cósmico. Luego continuo con el tema: "El agua y el origen de la vida" (Gn 1.1-2.4; Gn 2.5-15; Sal 33.6-7; Dt 8.15, 1ra Cr 29.11-12), donde encontramos 2 relatos de cómo inicia la vida en el planeta. Y en "El agua como transición para la vida" (Gn 6-8; Ex 14. 21-28; Ex 15.10; 2da Pe 3.5-6 y Sal 78.13-16), vemos el inicio de dos naciones.

El tercer capítulo se titula: "El caminar de Israel con Yahvé". Vemos aquí cómo el agua en movimiento se relaciona con el pueblo de Israel en una dimensión humana con la compañía de Yahvé. Esta parte comienza con los textos analizados bajos el subtema de "El agua en el desierto" (Gn 21.1-21; Gn 16; Ex 17.1-7; Sal 114.7-8, Sal 107.35; Sal 137.35 y Sal 105.41; Is 41.17-19; Is 43.19-21; Is 49.10; Is 35.17), que nos muestra la importancia que ella tiene para preservar la vida. "El Agua y la justicia," nos revela cómo el motivo literario es usado para hablar a Israel de un tema necesario como la justicia (32.1-2; 58.11; 40.29; 35. 1,5-7; Sal 107.35; Am 5.1, 2-3, 4, 8, 12, 21-24; Is 32.1-2, y Am 9.5-6; 41.17-19). En "El agua y la sanidad" (Ez 47.1-12; Am 5.8; Zac 14.8-9 y Jl. 4.18), vemos como el agua que nace en el templo sale para dar sanidad a las naciones. Al final de este capítulo, vemos a Yahvé en un nivel cósmico, donde el agua en movimiento ya no solo se le da un origen en Yahvé, sino que se dice que Yahvé es el manantial de vida, bajo el subtítulo de: "Yahvé como Manantial de Vida" (Jr 2.1-13; 17. 13; Is 55.1-3; Sal 42.1-2; Is 12.2; 61.3 y Sal 63.1-9).

Un cuarto capítulo se titula: "El agua y la Nueva Vida" (Jn 2. 1-11; Jn 3.1-12; Jn 1.33; Jn 4. 4-43; Jn 5) En este capítulo analizamos el uso que hace Jesús del motivo del agua en movimiento registrado en el evangelio de Juan. También incluye el subtema: "Jesús el agua viva" (Jn 7.37-39; Num 29.12-35; Is 55.1; Is 12.3; Ef 2.13-22; Ez 37.11; Jn 19.34); y "El agua y la Nueva Humanidad" (Ap 22.1-5; Zac 14.8; Ap 22.17).

Y un quinto capítulo se titula: "La pedagogía del agua." Aquí analizamos cómo el escritor del Evangelio de Juan utiliza el motivo de agua en movimiento como herramienta pedagógica y teológica en su evangelio para atribuir a Jesús el poder máximo de la vida. También en una segunda parte del capítulo se titula El agua viva hoy", donde presento mi propuesta de tesis, de cómo podemos explicar y aplicar a nuestras realidades lo que significa tener el Agua viva.

En el estudio de cada tema iniciaremos señalando el contexto del texto citado, haciendo luego un análisis narrativo donde señalaremos el significado de algunas palabras en hebreo o griego según corresponda, relativos al motivo del agua en movimiento en el texto. Al finalizar los análisis de los temas es necesario lograr una visión global del sentido del motivo del agua en movimiento en dichos textos. Este análisis apunta, al final de la tesis, a iluminar la forma en que Jesús, al referirse al agua de vida en Juan 7, remite al sentido del agua en movimiento en el Antiguo Testamento, llegando a apropiarse de su sentido y aplicándolo a su persona, con el fin de proveerla a todos a quienes la deseen.

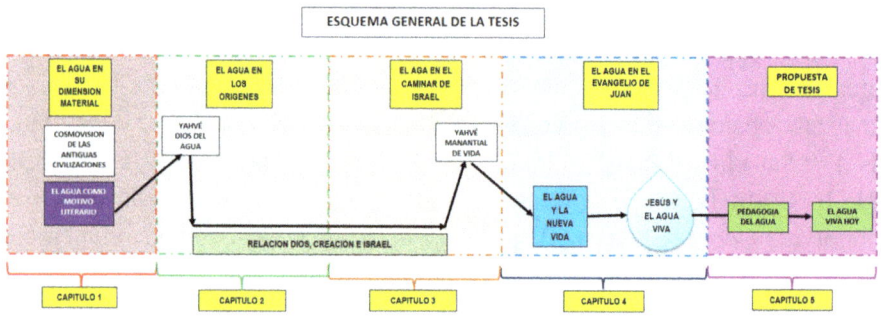

Ilustración 28: Esquema General de la Tesis

II CAPÍTULO

2. EL AGUA EN LOS ORIGENES DEL PUEBLO DE ISRAEL EN EL ANTIGUO TESTAMENTO

*"El agua es a veces lacerante y a veces fuerte,
a veces ácida y a veces amarga;
a veces dulce, a veces gruesa o delgada;
a veces se ve trayendo dolor o pestilencia;
a veces da salud, a veces veneno.
Sufre tantos cambios de naturaleza
como son los diferentes lugares por los que pasa.
Y como el espejo, cambia de color de acuerdo al tema,
por lo que altera la naturaleza de los lugares,
llegando a ser apestosa, laxante, astringente,
sulfurosa, salada, encarnadiza,
triste, furiosa, enojada, roja, amarilla,
verde, negra, azul, grasa; espesa o delgada.
A veces inicia un incendio, a veces extingue otro;
es cálida y es fría, arrasa o emplaza, socava o construye,
hace llorar o establecerse, llena o vacía,
transita llenantes y vaciantes; acelera o frena;
es causa de vida o de muerte en diferentes momentos;
trae abundancia o privación;
a veces nutre y otras hace lo contrario;
a veces tiene sabor, a veces no tiene olor;
a veces sumerge los valles con grandes inundaciones.
Con el tiempo y con agua, todo cambia."*[92]

Al iniciar el capítulo II, citamos a Leonardo da Vinci con "La Paradoja del agua," donde muestra algunas expresiones del agua en movimiento, como su fuerza, su amargura y su dulzura. Nos refleja el contraste que existe al describirla: ella puede dar vida como puede destruirla. Estas mismas dimensiones están presentes en los textos bíblicos. En este segundo capítulo analizamos el motivo literario de agua en movimiento y cómo a través de ella se evidencia el poder de Yahvé sobre la vida y la muerte.

El motivo literario de agua en movimiento en este capítulo se organiza bajo el tema "El Agua en los orígenes del pueblo de Israel en el Antiguo Testamento". El estudio se inicia en una dimensión cósmica en relación con Yahvé como "el dios del agua" (Ez 1.4, 27-28; Sal 77.16-20; Sal 97.2-6; Is 40.22). Un segundo

---

[92] Leonardo da Vinci. "Paradoja del agua", *http://witcombe.sbc.edu/water/artleonardo.html* Fecha de acceso: 10.10.15 – Dibujo Inédito propiedad Texia Anabalón N.

momento analiza el agua en movimiento como elemento clave en el origen de la vida en la tierra y el nacimiento de un pueblo (Gn 1.1-2.4; 2.5-25; Gn 6-8; Éx 14. 21-30).

2.1 YAHVÉ, EL DIOS DEL AGUA

Comenzamos este estudio del motivo literario de agua en movimiento presentando el agua en una dimensión cósmica relacionada con la divinidad, con Yahvé, el dios de Israel. En Ez 1.4, 27-28; Sal 77.16-20; Sal 97.2-6; e Is 40.22 identificamos dos elementos de este nivel cósmico del agua en movimiento: la habitación de Yahvé y su poder como Dios creador. Para ambos elementos es importante tomar en cuenta la influencia de la cosmovisión del mundo antiguo, analizada en el capítulo anterior, y el tiempo en que se escribe, en el exilio de Judá.

Los libros de Jeremías, Ezequiel y el II Reyes nos muestran a un pueblo de Israel exiliado, llevado cautivo por Nabucodonosor, rey de Babilonia, quien sitia a Jerusalén el año 587 a. C. (2Re 24.15-16; 2Re 25.11-12; 2 Re 25.21,) y se lleva a una parte escogida de Israel a Babilonia y a Egipto, donde habitan allí en el exilio, lejos de su tierra, lejos de Yahvé. Este hecho afecta fuertemente a la fe de Israel porque su templo y su ciudad santa Jerusalén fueron arrasados (2Re 25.6-7). Parecía, entonces, que Yahvé se había olvidado de su pueblo (Sal 77.8-11), y peor parecía que Yahvé había sido derrotado por Marduk, el dios de los caldeos, los cuales se burlaban de ellos (Sal 42.11; 80.7). Y es aquí, en medio del desaliento, cuando aparece el actuar de Ezequiel, profeta de Yahvé, (Ez 37.11).

Es en este contexto que se escriben muchos de los libros del Antiguo Testamento, que hoy existen en el canon bíblico. Su fin fue reforzar la esperanza de un pueblo que veía su fe desfallecer en una tierra extraña y asegurarles de que Yahvé era un Dios poderoso, no como los otros dioses de la tierra. Los profetas crean una nueva imagen de Yahvé. Se construye la imagen de Dios Padre y de un Dios con características de Madre, dando énfasis en las cualidades de su amor y cuidado por su pueblo. También, pese a la condición en que se encontraban, se le da un carácter a Yahvé de todopoderoso, controlador de todas las cosas, respondiendo y disminuyendo el poder del rey babilónico, considerándolo que ha sido usado por Yahvé para castigar el pecado de la elite israelita. Se rebajó así el poder de Marduk, ascendiendo a Yahvé como el dios de dioses o el dios supremo Sic.

Durante el exilio en Babilonia se produce un cambio en la religión de Israel, ya que deja de enfocarse en las acciones rituales del templo de Jerusalén.[93] Ahora esa religión es transportada por la elite a Babilonia, como lo vemos descrito en la visión de Ezequiel

> Yo miré: vi un viento huracanado que venía del norte, una gran nube con fuego fulgurante y resplandores en torno, y en el medio como el fulgor del electro, en medio del fuego (Ez 1.4).

Aquí el profeta describe la presencia de Yahvé abandonando la tierra de Israel, haciéndose presente en medio de los exiliados en Babilonia. Ya no es un Dios de solo una nación, sino es un Dios que se mueve y que tiene el poder sobre todo el cosmos. En los v4 al 25 vemos cómo se describe la majestad de Yahvé y en los v26-28 la habitación de Yahvé. Nos enfocamos en estos últimos tres versículos.

2.1.1 La habitación de Yahvé

Según Ez 1.26-28, Yahvé tiene su trono en los cielos sobre la bóveda de las aguas:

> Por encima de la bóveda que estaba sobre sus cabezas, había algo como una piedra de zafiro en forma de trono, y sobre esta forma de trono, por encima, en lo más alto, una figura de apariencia humana. Vi luego como el fulgor del electro, algo como un fuego que formaba una envoltura, todo alrededor, desde lo que parecía ser sus caderas para arriba; y desde lo que parecía ser sus caderas para abajo, vi algo como fuego que producía un resplandor en torno, con el aspecto del arco iris que aparece en las nubes los días de lluvia: tal era el aspecto de este resplandor, todo en torno. Era algo como la forma de la gloria de Yahvé. A su vista caí rostro en tierra y oí una voz que hablaba (Ez 1.26-28).

El texto de Ezequiel coloca a Yahvé en un lugar divino en los cielos, "por encima de la bóveda"; describe también el trono, que era de Zafiro[94]. Ezequiel menciona este lugar, como uno de los niveles de los cielos, porque se creía que allí residían la mayoría de los dioses.[95] En la visión de Ezequiel, Yahvé reemplaza al dios Anu, dios del cielo, a Enki el dios de las Aguas y a Marduk

---

Sic: Escribo "dios", "dioses" y "dios supremo" con minúscula para designar dioses extranjeros según la visión bíblica, y "Dios" con mayúscula para designar a Yahvé como el dios de Israel.
[93] Gerhard Von Rad, *Teología del Antiguo Testamento*. tomo I, Teología de las tradiciones de Israel. Salamanca: Sígueme, 1972, 153.
[94] Zafiro, material que se usaba para decorar los tronos y las cámaras reales. - Craig S. Keener, Comentario *del Contexto Cultural del AT*. E.E.U.U: Mundo Hispano, 2004.104.
[95] Ibid., 104

como dios supremo ya que poseía el poder para controlar las aguas y la vida como dios Creador.

Pikaza describe al dios de la teofanía de Ezequiel 1 como el "Dios del Agua":

> … en la gran teofanía de Ez. 1, estamos, sin duda, ante el Dios del agua y del fuego, el Dios de la tormenta cósmica. Sobre la cabeza de los vivientes se extiende "la bóveda celeste, como destello aterrador de cristal, extendido sobre sus cabezas… Y oí el rumor de sus alas cuando caminaban, como estruendo de aguas caudalosas, como la voz de Sadday (Omnipotente), ruido tumultuoso, fragor de ejército" (Ez 1.22-25). En el lugar donde se vinculan el agua y el fuego, en las órbitas astrales, habita un Dios a quien podemos llamar Dios del Agua.[96]

De acuerdo a la explicación de Pikaza, vemos como Ezequiel en su visión describe la majestad de Yahvé y le reconoce como Dios Supremo que habita en las alturas, controlando el fuego y agua, siendo esta imagen una constante en la historia y la teología de Israel en la Biblia[97]. Como lo describe Deuteronomio 33: 26, "Nadie como el Dios de Yesurún. Que cabalga los cielos en tu auxilio, y las nubes, en su majestad", reconociendo su dominio sobre los cielos, el poder sobre la lluvia y la tierra (cf. 2 Sam 22; Sal 18.11-13). Este Dios Yahvé es el Dios que tiene su aposento o su trono en los cielos, en medio de las aguas como lo expresa el Salmo 68.4

> Cantad a Dios, salmodiad a su nombre, abrid paso al que cabalga en las nubes, alegraos en Yahvé, exaltad ante su rostro (Sal 68.4).

y el Salmo 97.2-6

> Nube y Bruma densa en torno a él, Justicia y Derecho, la base de su trono. Delante de él avanza fuego y a sus adversarios en derredor abrasa; iluminan el orbe sus relámpagos, lo ve la tierra y se estremece. Los montes como cera se derriten ante el Dueño de la tierra toda; los cielos anuncian su justicia, y todos los pueblos ven su gloria (Sal 97.2-6).

Y en el Salmo Sal 77.16-20 encontramos:

> Viéronte, oh Dios, las aguas, las aguas te vieron y temblaron, también se estremecieron los abismos. Las nubes derramaron sus aguas, su voz tronaron los nublados, también cruzaban tus saetas. ¡Voz de tu trueno en torbellino! Tus relámpagos alumbraban el orbe, la tierra se estremecía y retemblaba. Por el mar iba tu camino, por las muchas aguas tu sendero, y

---
[96] Xabier Pikaza, "El agua, Una reflexión teológica". *Vida y pensamiento* N° 26. San José: SEBILA, 2006,22.
[97] Pikaza, 23.

no se descubrieron tus pisadas. Tú guiaste a tu pueblo cual rebaño por la mano de Moisés y de Aarón.

Vemos una imagen similar en el Salmo 29.3

> Voz de Yahvé sobre las aguas; el Dios de gloria truena, ¡es Yahvé, sobre las muchas aguas!

y en Isaías 40.22

> Él está sentado sobre el orbe terrestre, cuyos habitantes son como saltamontes; él expande los cielos como un tul, y los ha desplegado como una tienda que se habita.

Podemos concluir de estos versículos que se entendía que Yahvé no solo habitaba en las alturas, en los cielos, sino que tenía el poder sobre el agua, la lluvia, y los truenos. Por lo tanto, en sus manos estaba el poder sobre la vida, tanto para el ser humano, como para el cosmos. En estos textos se atribuyen a Yahvé los poderes de los dioses del entorno cultural de Israel. Ese gran poder que se atribuía a Yahvé era advertido por Israel en medio de la cotidianidad de la vida, a través de la creación, en una dimensión con implicaciones netamente humanas, como lo vemos en el Salmo 104.

2.1.2 El Dios Creador

Los salmos en hebreo reciben el nombre de תהילים, es decir, "cantos de alabanza". El Salmo 104 es un himno a Dios por la creación. Sin embargo, no se invitan a las criaturas a bendecir o alabar al Señor, como pide el salmo anterior el 103, o como lo hacen el Salmo 148 o el Salmo 19, sino que en este caso el orante alaba a Dios. Por lo tanto, el papel de las criaturas es revelar la existencia de Dios.[98]

En el Salmo 104 se puede encontrar una similitud con Gn 1.1-2:4, el relato de la creación, ya que aquí se nombran las obras creadas en el mismo orden. Pero el salmo no está narrando un hecho pasado, sino que habla sobre el presente. Como señala Paul Beauchamp:

> Este orden paralelo, sin embargo, no debe hacernos creer que también el salmo narra la creación. Una cosa es narrar y otra describir. Aquí no se narra, sino que se describe la creación. El autor de Gn.1 se detiene en cada obra para precisar el día. Recoge ya el gran palpitar que cuenta el tiempo;

---

[98] Luis A. Schökel y Cecilia Carniti, *Salmos II*. Estella: Verbo Divino, 1993,1295-1314.

narra y fecha. Nada parecido hay en nuestro poema, que se dedica a describir lo que ahora existe [...]"[99]

Otra de las similitudes que existen es la división del salmo en siete partes: (1) v.1-4; (2) v. 5-9; (3) v.10-13; (4) v.14-18; (5) v.19-23; (6) v.24-30; y (7) v.31-35, es decir siete grupos de versículos que corresponderían a los siete días de la creación. Comienza exaltando a Dios quien creó los cielos y tierra como en Gn 1.1-2 y así continúa hasta concluir con una alusión al día de reposo, el séptimo día de la Creación.[100]

Para este análisis proponemos una estructura que corresponde al tema de estudio. En los v1 al v5 vemos que el autor del salmo describe la majestad de Yahvé y ubica su morada entre las aguas de los cielos, al igual que en Ez 1.26 - 28 citado anteriormente.

> ¡Alma mía, bendice a Yahvé! ¡Yahvé, ¡Dios mío, qué grande eres! Vestido de <u>esplendor y majestad, arropado de luz</u> como de un manto, <u>tú despliegas los cielos</u> lo mismo que una tienda, <u>levantas sobre las aguas tus altas moradas; haciendo de las nubes carro tuyo,</u> sobre las alas del viento te deslizas; tomas por mensajeros a los vientos, a las llamas del fuego por ministros (Sal 104.1-4).

De los v 5 al v10, nos muestra el dominio de Yahvé sobre la tierra y las aguas, tanto de los océanos, como de la lluvia y del agua que corre por los valles y las montañas.

> Sobre sus bases asentaste la tierra, inconmovible para siempre jamás. Del océano, cual vestido, la cubriste, sobre los montes persistían las aguas; al <u>increparlas tú,</u> emprenden la huida, se precipitan al oír tu trueno, y saltan por los montes, descienden por los valles, hasta el lugar que tú les asignaste; un término les pones que no crucen, para que no vuelvan a cubrir la tierra. <u>Haces manar</u> las fuentes en los valles, entre los montes se deslizan (Sal 104. 5-10).

El salmo identifica a Yahvé como quien fundó la tierra, puso orden al Caos, dio límites y controló las aguas. Es Yahvé quien envía la lluvia con el poder de su palabra. El verbo que se traduce como "hace manar" es מְשַׁלֵּחַ que significa "dejar salir", aludiendo directamente al control de Yahvé sobre el agua. No solo controla la lluvia y ríos, sino también los manantiales y las aguas de las profundidades que brotan y se deslizan por la tierra generando vida, creando nuevos paisajes y proveyendo alimento para el ser humano.

---

[99] Paul Beauchamp, *Los Salmos noche y día*. España: Cristiandad,1980,173-174.
[100] Brian J. Bailey, *Salmos*. Tercera Edición. Guatemala: IBJ, 2009,101-150.

Lo interesante de este himno es la proclamación de una realidad presente, como lo expresa Helmer Ringgren:

> La tierra está bien fundada y no se moverá, puesto que descansa en la <u>mano de Dios y todas las fuerzas del Caos y la muerte y el desorden están refrenadas por su poder</u> [...]. En consecuencia, la doctrina de la creación [...] es más bien la proclamación de una realidad presente [...].[101]

El agua fluye, posee movilidad, es decir no es una creación pasada, no es un recuerdo, sino que refleja el actuar de Dios en el presente. Por lo tanto, podemos decir que el agua es co-participe con Dios en la creación de nueva vida, tanto de la naturaleza como de la provisión para el ser humano. Como lo expresa en los v1 al v15,

> A todas las bestias de los campos <u>abrevan</u>, en ellas su sed apagan los onagros; sobre ellas habitan las aves de los cielos, dejan oír su voz entre la fronda. <u>De tus altas moradas abrevas las montañas</u>, del <u>fruto de tus obras</u> se satura la tierra; la hierba <u>haces brotar</u> para el ganado, y las plantas para el uso del hombre, para que saque de la tierra el pan, y el vino que recrea el corazón del hombre, para que lustre su rostro con aceite y el pan conforte el corazón del hombre (Sal 104.1-15).

EL autor hace hincapié en el poder de Yahvé para hacer צָמַח "brotar o germinar"; el agua fecunda la tierra y las plantas brotan, permitiendo que los animales sacien su sed y que la tierra produzca alimento para ellos y los seres humanos.

En el v30 de este salmo vemos claramente que Yahvé crea בָּרָא con el flujo permanente de su Espíritu divino רוּחַ; toda su creación es renovada constantemente. Esto nos permite comprender que el agua está dispuesta y bajo su dominio, para vivificar y renovar a diario la creación.

> ¡Cuán numerosas tus obras, Yahvé! Todas las has hecho con sabiduría, de tus criaturas está llena la tierra. Ahí está el mar, grande y de amplios brazos, y en él el hervidero innumerable de animales, grandes y pequeños; por allí circulan los navíos, y Leviatán que tú formaste para jugar con él. Todos ellos de ti están esperando que les des a su tiempo su alimento; tú se lo das y ellos lo toman, <u>abres tu mano</u> y se <u>sacian</u> de bienes. <u>Escondes tu rostro</u> y se <u>anonadan</u>, <u>les retiras</u> su soplo, y expiran y a su polvo retornan. <u>Envías tu soplo</u> רוּחַ y son <u>creados</u> בָּרָא, y renuevas la faz de la tierra (Sal 104.24-30).

---

[101] H. Ringgren, *La fe de los salmistas*. Buenos Aires: La Aurora, 1970, 137-138.

Según el salmo, la vida en la tierra y, por lo tanto, también los seres humanos, dependen de Yahvé. Se reconoce un actuar de Dios diariamente, una presencia activa y real por medio de su espíritu, su soplo.

Los v24-30 muestran que existe una relación importante entre la acción del ser humano y su total dependencia de la acción de Dios:

ACCIÓN DE DIOS	RESULTADO
"Abres tu mano…	y se sacian de bienes".
Escondes tu rostro…	y se anonadan,
Les retiras su soplo…,	y expiran y a su polvo retornan.
Envías tu soplo…	y son creados,
	y renuevas la faz de la tierra".

Ilustración29: Cuadro Comparativo- Versículos 24 y 30 del Salmo 104

Para el Israel del Antiguo Testamento, Yahvé era el Dios Supremo, el Dios sobre todos los dioses de la tierra. Por lo tanto, de él dependía la vida. En los v24 al v27 vemos claramente como Yahvé sustentaba la tierra; es toda una descripción contemplativa del cosmos en relación con el ser humano y la dependencia de Yahvé como el sustentador (abres, escondes, retiras, envías y creas). En cambio, en los v28 al v30, vemos una descripción de la dependencia en Dios de todo lo que tiene vida, y que todo lo que existe depende del soplo de Yahvé (Zac 12.1; Is 42.5). Este escrito pone al ser humano en la misma importancia que el resto de la creación.

El verbo crear בָּרָא con el que concluye el salmo hace énfasis en Yahvé: él tiene el poder de regenerar la creación con su Espíritu. Es una acción soberana de Yahvé, el verbo crear בָּרָא se refiere a recibir el ser con su soplo[102], es decir su Espíritu da vida al ser humano. Por lo tanto, existe una marcada diferencia entre el agua y el Espíritu o soplo de vida: el agua controlada es la manifestación de su poder para el sustento de su creación. En cambio, el Espíritu es el aliento de vida, ese aliento que permite un nacer a diario de todo lo creado.

El salmo 65.9-13 confirma esto:

> Tú visitas la tierra y la haces rebosar, de riquezas la colmas. El río de Dios va lleno de agua, tú preparas los trigales. Así es como la preparas: riegas sus surcos, allanas sus glebas, con lluvias la ablandas, bendices sus renuevos.

---

[102] Schökel, 134.

> Tú coronas el año con tu benignidad, de tus rodadas cunde la grosura; destilan los pastos del desierto, las colinas se ciñen de alegría; las praderas se visten de rebaños, los valles se cubren de trigo; ¡y los gritos de gozo, y las canciones!

La vida se considera una acción providencial de Yahvé. Estos versículos son una alabanza y el reconocimiento del poder de su Dios, entregando su confianza en él, quien provee a diario el alimento para el ser humano, como también para los animales. El agua que fluye por la tierra viene del Dios que tiene el poder de crear y que controla la lluvia, como lo vemos en Job 5.10: "Él derrama la lluvia sobre la faz de la tierra, y envía las aguas a los campos". Todo poder sobre la naturaleza, sobre las personas, sobre la vida está en las manos de Yahvé.

Como lo expresa Jeremías 51.15-16:

Él es quien hizo la tierra con su poder, el que estableció el orbe con su saber, y con su inteligencia expandió los cielos. Cuando da voces, hay estruendo de aguas en los cielos, y hace subir las nubes desde el extremo de la tierra. El hace los relámpagos para la lluvia y saca el viento de sus depósitos.

Todo está bajo su control: la tierra, los cielos, las nubes, los relámpagos, los vientos y la lluvia. Yahvé es el Creador de todo cuanto existe para el pueblo de Israel.

El papel del agua es importantísimo en la creación, debido a que ella es el medio el cual Dios usa para hacer brotar las plantas y sustentar la vida de lo creado. Esta forma de pensar no nace de la nada. Israel, al igual que muchos pueblos, toma de otras cosmovisiones las explicaciones que le permiten comprender su realidad; claro está, atribuyendo todo poder a su dios creador, Yahvé.

El agua fue, es y será un elemento esencial para la vida en todas las civilizaciones, tanto en lo cotidiano, como en el papel religioso. Claramente en esta segunda parte podemos decir que el agua en movimiento es el reflejo del mover del poder de Yahvé, es su acción en la tierra, a favor de su pueblo y toda su creación. Para la cosmovisión de Israel el agua en movimiento es un instrumento en las manos de Yahvé. Es el dios del Agua que la controla, que la usa para beneficio de su pueblo. Los israelitas explicaban la realidad como el resultado del obrar de su dios. Los israelitas diferenciaban el uso que le daba al agua, de su Espíritu. El espíritu de Dios es el soplo de vida que permitía la existencia a la creación; en cambio el agua era el instrumento que gestaba y sustentaba la vida. Hacían una diferencia que el agua no era un símbolo del espíritu de Dios, sino un instrumento que era importante en el sustento de la vida física, que era provisto por Yahvé.

2.2 EL AGUA Y EL ORIGEN DE LA VIDA (Gn 1.1-2.4; 2.5-25)

A modo de información es necesario mencionar que los relatos de la creación en el Antiguo Testamento no son simplemente una reproducción de los mitos mesopotámicos, como muchos los han interpretado. Reflejan más bien la influencia de la cultura mesopotámica en la cosmovisión de Israel. Existían en Mesopotamia mitos de la creación del mundo, como lo hemos visto en el capítulo anterior, mitos que se extendieron geográficamente por todo el medio oriente antiguo.[103] Israel, ubicado en una región influenciada por la cultura mesopotámica y otras cercanas, plasma desde su propia perspectiva la creación del mundo.[104] Para ello utiliza un lenguaje conocido, los mitos. Es probable, además, que la redacción final de estos escritos se haya realizado en medio del exilio, donde muchos judíos fueron llevados cautivos a Babilonia en el año 587 a C., e inevitablemente entrarían en contacto con estos relatos mitológicos.[105]

Para Severino Croatto:

> El mito no es un relato de historia simplemente pasada. Cuenta solamente aquello que es "fundador" de la realidad presente y que lo es en la medida en que sucede de nuevo. Por eso, el mito es profundamente "situacional". Diría que dramáticamente tal. La estabilidad del cosmos, la subsistencia del hombre, dependen de la "memoria" del "suceso" narrado en el mito con una fuerza sacramental y recreacional. Por lo tanto, a través del mito, el hombre religioso se proyecta a un momento ontofánico que es la fuente perenne de su ser-en-el-mundo.[106]

En otras palabras, Croatto nos dice que en el mito el ser humano encuentra el sentido de la existencia del ser; en el mito el ser humano se interpreta a sí mismo y expresa el porqué de la realidad presente. Lo confirma también Von Rad, "Los relatos de la creación más que mitológicos son teológicos", construidos con un objetivo, una interpretación de la realidad. Por eso Von Rad nos dice: "Génesis 1 presenta los resultados de una rigurosa reflexión teológica y cosmológica en un lenguaje que nombra las cosas breve y directamente".[107]

---

[103] Esteban Koldo, "Mesopotamia y la Biblia". *Reseña bíblica* 72. Invierno. Navarra: Verbo Divino, 2011,15.
[104] *Ibid.*,16.
[105] *Ibid.*
[106] Severino Croatto, *Mitos y Hermenéutica*. Buenos Aires: El Escudo, 1973,93.
[107] Von Rad,190.

Que los textos de Génesis estén escritos en un lenguaje mítico no les quita veracidad, aunque esto tampoco quiere decir que son históricos, es decir, que sucedió así. Reflejan la visión de mundo de un pueblo, Israel. Von Rad dice que Génesis 1 es un capítulo donde se ve claramente una enseñanza sacerdotal. "No fue escrito un buen día, sino que es doctrina que se ha ido enriqueciendo cautelosamente a lo largo de un crecimiento que duró siglos. Todo ha sido meditado y sopesado…"[108] Estos mitos poseen estructuras similares a los mitos mesopotámicos; para Koldo, se denominan como "antimitos", ya que se han creado como una respuesta propia a la mitología mesopotámica.[109] A diferencia de estos últimos, en los que el sol, la luna y los astros son deidades, en el Antiguo Testamento, Yahvé Dios es el creador de los astros, de aquellos dioses mesopotámicos.[110] Su propósito era pedagógico, su fin era enseñar a su pueblo y a las nuevas generaciones que Dios, en este caso Yahvé, era el creador de los cielos y la tierra y no había otro.[111]

Génesis es un libro que declara a Yahvé como el Dios Supremo y la creación es su primer acto salvífico. Es probable que el contexto en que surge esta narración sea la situación de desesperanza causada por el exilio, por la opresión babilónica y los privados de libertad.[112] Iniciamos esta sección analizando Gn 1.1-2.4 y Gn 2.5-25, donde el agua en movimiento está presente como motivo literario, debido a que su forma y función demuestran la acción de Yahvé en la creación.

2.2.1 "La separación de las aguas produce Vida" Gn 1.1-2.4

Antes de entrar de lleno al estudio de Génesis 1 y 2, es importante conocer la composición de estos textos. De acuerdo a un consenso al que han llegado muchos investigadores biblistas, pertenecen a dos corrientes o dos tradiciones distintas,[113] por lo que tenemos dos relatos de la creación. El primero, considerado el más antiguo,[114] es Gn 2.5-25, de tradición Yavista,[115] donde la

---

[108] Gerhard Von Rad, *El Libro de Génesis*. Salamanca: Sígueme,1998,56.
[109] *Ibid.*, 17.
[110] *Ibid.*, 18.
[111] Koldo,19.
[112] José L. Barriocanal G., "Dios como Creador y destructor". *Revista Reseña Bíblica*. N°78. Verano. Estella, Navarra: Verbo Divino, 2013,14.
[113] Koldo,16.
[114] Los expertos mantienen que la tradición yavista tomó forma alrededor del S. X a.C.- Dianne Bergant, *La Historia de Israel*. Primera Parte. Collegeville, Minnesota: Liturgical Press, vii.
[115] "La tradición yavista narra la historia de la creación, describe una historia, un proceso. Su conocimiento de Yahvé, Dios de Israel, fue lo que le autorizó al autor narrar así la historia. La intención del autor consiste en presentar un relato sobre hechos que se circunscriben en el ámbito de la historia del ser humano con Dios. El relato actúa por medio de imágenes sencillas, claras y reales.
Cuando se describe la creación del hombre y de la mujer, se presenta al Dios creador sin distancia alguna de la criatura, en donde Dios se dedica como alfarero a formar, configurar, proyectar, modelar su obra. Para el yavista Dios es el verdadero protagonista de la historia, quien ha creado al ser humano libre, capaz de cultivar el jardín,

creación de los cielos y la tierra comienza desde la sequedad y la tierra árida, el cual se enfoca en el ser humano y su entorno. En cambio, el segundo relato, considerado más reciente, se encuentra en Gn 1.1-2.4, y refleja un proceso ordenado de la creación desde el Caos y la oscuridad hasta la creación del ser humano. Este texto se atribuye a la tradición sacerdotal debido a su carácter litúrgico, entre otros elementos.[116]

Habiendo ubicado los relatos de creación en su contexto cultural, iniciamos el estudio del motivo literario del "agua en movimiento" en el capítulo 1 de Génesis. En este capítulo se desarrolla detalladamente el papel del agua en el proceso de la creación. Mencionamos más adelante el segundo relato, dado que ahí también el agua cumple un papel importante como elemento primordial del origen de la vida. Pero el agua cumple funciones diferentes en cada relato, lo cual se evidencia en los diversos términos utilizados para el agua, como agua מַיִם, mar, manantial אֵד y abismo תְּהוֹם.

En Génesis 1.1-2 encontramos:

> En el principio creó בָּרָא Dios los cielos y la tierra. La tierra era caos y confusión y oscuridad por encima del <u>abismo תְּהוֹם</u>, y un <u>viento de Dios רוּחַ se movía</u> por encima de las <u>aguas מַיִם</u> (Gn 1.1-2).

En el v1 vemos una afirmación, "En el principio creó Dios los cielos y la tierra". El verbo que traducido es crear בָּרָא también significa "formar, modelar"[117] y denomina una acción creadora que solo la realiza Yahvé. Es un acto creador cuya función solo se refiere a la creación en su totalidad.[118] No es el resultado de una lucha entre divinidades, o fuerzas míticamente personificadas, como lo vemos en las mitologías en el primer capítulo. Es creación voluntaria de Dios.[119] En este v.1 es notorio que el autor no le preocupa si el cosmos fue creado de la nada o si había materia existente. No, solo afirma, que el mundo viene de Dios.

---

darles nombre a los animales y establecer una relación con el otro(a)". Juan Ruiz de la Peña, *Teología de la Creación*. Santander: Sal Terrae, 1988, 59-60. **Nota:** En décadas recientes se ha cuestionado la fecha de redacción del Yavista, e incluso la validez de las hipótesis documentarias tal y como fue planteada por Welhausen. Ver por ejemplo, Joseph Blenkinsopp. *El Pentateuco*. Estella: Verbo Divino, 2001,35-38

[116] "La Tradición sacerdotal es un documento propiamente sacerdotal, resultado de circunstancias históricas. La invasión Babilónica y el Exilio llevaron a una nueva formulación de la fe de Israel; los sacerdotes de Jerusalén redactaron este documento como respuesta a esta necesidad. La preocupación por las instituciones litúrgicas y sacerdotales lo hace identificar con facilidad. La historia de la creación en la tradición sacerdotal no es ni un mito, ni una leyenda, sino una enseñanza sacerdotal, es una doctrina que se ha ido enriqueciendo a lo largo de los siglos. Al ser una creación gradual, procesual, presenta al ser humano como cúspide de dicho proceso". – Ruiz De la Peña, 59-60.

[117] Schokel,134.

[118] Para Croatto, tal verbo podría deberse a la mano del redactor, quien usa con predilección aquel verbo, que en toda la biblia tiene un único sujeto, Yahvé. - José S. Croatto, *El Hombre en el mundo*. Buenos Aires: La Aurora, 1974,48.

[119] Gerhard Von Rad, 58.

Vemos que antes de la creación, la tierra estaba desordenada. Reinaba el Caos y la oscuridad, y esa oscuridad o Caos cubría el abismo. En hebreo abismo es תְּהוֹם que significa "el océano primitivo", lo que denota aguas abundantes, oceánicas y amenazadoras.[120] Son las aguas de las profundidades del mar, es decir, el agua subterránea que emerge de las profundidades a la superficie. El hecho de que salga a la superficie indica movimiento, se mezcla con el agua de la superficie, por lo tanto, es Caos.[121] No eran aguas estancadas, sino que estaban en constante movimiento. Lo interesante de esta forma de ver el Agua en Génesis, es que la mención que hace de ella es refiriéndose al poema de Enuma Elish. Como lo vimos en el capítulo anterior, el agua del caos representaba a Tiamat. Pero aquí el autor de Génesis ya no la presenta como un riesgo, sino como un Caos vencido, en cierta forma adelantándose a lo que se explicará detalladamente en los siguientes versículos.

Esta forma de ver el pre-cosmos (antes de la creación del cosmos), indica que el autor quiere reforzar el estado en que se encontraba antes del obrar de Yahvé: una tierra vacía, en tinieblas e inhabilitada para la vida. El cosmos estaba en tinieblas, había agua por doquier, no había luz. Para Croatto, Génesis 1 "es el ámbito de las aguas sumidas en las tinieblas y, por otra parte, una tierra inoperante y desolada, inepta para la presencia creadora del ser humano."[122]

Pero sobre esas aguas se movía el "viento de Dios". La palabra que allí aparece como viento en hebreo es רוּחַ que significa "Respiración, Aliento, Vida, Espíritu" o "Viento". Por lo tanto, se puede traducir como el "Aliento de Dios"; es un aliento de vida, un soplo. Su manifestación es la respiración,[123] que se movía sobre las "aguas", en hebreo מַיִם, es decir, el viento de Dios sobre las aguas. El autor no hace mayor énfasis en el viento de Dios sobre las aguas, ni menciona cuál es su función. Pero sí resalta el Caos primigenio.

En los v3 al v26 se relata la creación de los cielos y la tierra, día por día. Vemos una estructura semejante en cada día: la palabra de Dios fue dicha y las cosas fueron creadas. Es interesante notar que el autor de Génesis nos quiere mostrar que la voz de Dios resonó en medio del Caos y el aliento de Dios que moraba

---

[120] Schokel, 793 y Croatto, 44.
[121] "Aguas subterráneas que afloran en manantiales. De acuerdo a las creencias acadias pueden ser de agua dulce que forman ríos y lagos, bajo el control del dios Apsu, su gobierno se extendía sobre el océano primordial de agua dulce que rodeaba a la tierra y quien encarnaba el espíritu masculino; y también de aguas saladas como el mar tempestuoso, quien lo gobernaba era Tiamat, que representaba el espíritu femenino. Al unirse las aguas, nacieron Mummu. representación de las olas, y dos serpientes monstruosas llamadas Lahmu y Lahamu". - José Alerto Jiménez Peris, "Cosmogonía acadia". https://josealbertojimenez.wordpress.com/capitulo-1/capitulo-2 Fecha de acceso: 21.02.15
[122] Croatto, 46.
[123] Schokel, 692.

sobre las aguas creó. Comienza el relato mostrándonos que lo primero que hace Dios es separar la luz de las tinieblas (v3-v5). v6 y v7. En el segundo día vemos el agua, en hebreo מַיִם, es decir "aguas", como un elemento material importante dentro de la creación. Dios crea una separación entre las aguas con una parte de ellas formando el firmamento y con la otra el mar.

> Dijo Dios: «Haya un firmamento por en <u>medio de las aguas מַיִם</u>, que las <u>aparte unas de otras.</u>» E hizo Dios el firmamento; <u>y apartó(בדל) las aguas</u> (מַיִם) de por debajo del firmamento, de las aguas de por encima del firmamento. Y así fue (Gn 1.6-7).

La separación de las aguas se realiza en dos pasos. El primero es separar (בדל), término que significa separar, distinguir, excluir.[124] Con ellas Dios crea el firmamento, la expansión de los cielos, la bóveda celeste mencionada con anterioridad donde se encontraban los astros, según Gen. 1: 9-10 y su morada (Ez. 1:26-28). Y el segundo paso es cuando da la orden a las aguas de acumularse en un conjunto y dejar ver lo seco, lo que después llamó tierra.

> Dijo Dios: «<u>Acumúlense las aguas</u> de por debajo del firmamento en un solo conjunto, y <u>déjese ver lo seco</u>»; y así fue. Y llamó Dios a lo seco «tierra», y al conjunto de las aguas lo llamó mares; y vio Dios que estaba bien (Gn 1.9-10).

Así Dios permite un espacio en el que puedan surgir las plantas, árboles y todos los seres vivos. Las aguas se mueven y surge la tierra, posibilitando la vida. En estos versículos es importante notar que la palabra de Dios ordena las aguas, les pone límites, y las ubica en un lugar donde puedan ser usadas para dar vida. Pone a unas en la bóveda celeste, desde donde enviarán la lluvia; otras, en el mar, donde le pone límite para que la tierra pueda producir y habiten toda clase de seres acuáticos y otras en los abismos del mundo subterráneo de donde fluyen los pozos y manantiales.[125]

Cuando Dios ya tenía separada la oscuridad, la luz (V6 -7), el cielo, la tierra y el mar, (v8-10) ordena a las aguas del mar que "bullan". En hebreo la palabra que se traduce como bullir es שָׁרַץ que significa "pulular, hervir, agitar o revolverse".[126] Es un agitarse, un movimiento parecido al del agua hervida, como en los enjambres. Es el efecto sobre el agua del resultado del movimiento de animales diminutos que se reproducen en grandes cantidades, ya sea en el agua, tierra o el aire. Así que podemos decir, que el agua responde a la creación de la palabra de

---

[124] Schokel,102.
[125] Koldo, 20.
[126] Waschke, E.J., "#rv šārac" en *Theological Dictionary of the Old Testament Vol. XV.*, editado por Johannes Botterweck y otros. Grand Rapids: Eerdmans, 2006, 477-478.

Dios, bulle y nacen los animales y todos los seres vivientes en el agua. También en el cielo, que se creía era agua, de allí nacen las aves.

> Dijo Dios: "Bullan שָׁרַץ las aguas de animales vivientes, y aves revoloteen sobre la tierra contra el firmamento celeste" (Gn1.20).

Entonces, podemos concluir que el agua, el viento de Dios y la palabra creadora de Dios generan vida, siendo el agua el elemento principal para ello debido a que ella cubría toda la tierra. El agua es el elemento material usado por Dios, que obedece a su voz y se separa, con el fin de crear un ambiente de vida, en donde surgirán las plantas, árboles y toda clase de seres vivos terrestres y animales marinos. Ha sido controlada por Dios, por lo tanto, el Caos ha sido superado. Es decir, el mar, el abismo tiene límites, límites que han sido puestos por Dios, como dice en Proverbios 8: 27-30, reflejo de la gran sabiduría de Dios presente en la creación. El poder de su Palabra, el soplo de su boca, su Espíritu, dan equilibrio cósmico para dar vida.

> Por la palabra de Yahvé fueron hechos los cielos, por el soplo de su boca toda su mesnada. Él recoge, como un dique, las aguas del mar, en depósitos pone los abismos (Sal 33.6-7).

En este relato encontramos una relación entre Dios y la creación, una relación cósmica. La creación depende plenamente de Dios para existir, de su palabra, de su Espíritu y de un cosmos ordenado el cual permite su existencia. Gen. 1 nos muestra el motivo del agua en movimiento presente como elemento de Caos. Yahvé el Dios del agua le pone límites, pone control sobre ella, la separa y crea un espacio apto para la vida, iniciando de un mundo ya creado rodeado de agua, logrando un mundo en plena armonía, en orden. En cambio, en Génesis 2, el agua en movimiento posee una función diferente, ubicada en medio de la tierra árida.

2.2.2 El agua, consecuencia de la relación con Yahvé (Gn 2)

El segundo relato de la creación presentado en el libro de Génesis inicia presentando una tierra seca, en la que no había plantas, por carencia de lluvia y del trabajo del ser humano (v5). Pero el autor nos dice que la tierra era regada por un "manantial". Germinaban las plantas y arbustos formando un jardín, el Edén.

> ...no había aún en la tierra arbusto alguno del campo, y ninguna hierba del campo había germinado יִצְמָח todavía, pues Yahvé Dios no había hecho

llover מטר sobre la tierra, ni había hombre que labrara לַעֲבֹדel suelo אֲדָמָה. Pero un manantial אֵד brotaba שׁקה de la tierra, y regaba וְהִשְׁקָה toda la superficie del suelo (Gn 2.5-6).

El agua en movimiento es el manantial אֵד que significa "corriente subterránea de agua dulce[127]". Era agua en movimiento que salía a la superficie de la tierra y la regaba. Lo interesante en estos versículos (v5-6) es que la tierra era un lugar árido, seco, sin plantas donde no había llovido; por lo tanto, no había vida. Pero en medio de ese lugar brota una corriente subterránea, agua que produce vida, al igual que la lluvia enviada desde los cielos por Yahvé. Este versículo muestra un trabajo en conjunto de Dios, el agua y el trabajo en la tierra del ser humano.

"Yahvé Dios no había hecho llover מטר sobre la tierra, ni había hombre que labrara el suelo אֲדָמָה". Este párrafo nos indica que la función del agua comparada con Gn 1 es diferente. Aquí el agua de lluvia que fertiliza la tierra depende del poder de Yahvé. La lluvia es símbolo de bendición, y su ausencia, de maldición; ella define el obrar de Yahvé en la naturaleza.[128] Y como vemos en este versículo Yahvé no había hecho llover, por lo tanto, no había fructificado la tierra, no había germinado la vegetación. …"Ni había quien labrara la tierra", es decir, no había quien cultivara el terreno, lo cual nos muestra una interdependencia entre la tierra y el ser humano.[129] También nos indica que existe una relación "Dios, tierra y ser humano", dando énfasis en que la lluvia viene de Yahvé, es producto de su acción y voluntad sobre la naturaleza.[130]

Para Gerstenberger, el ser humano sin duda era el eslabón más débil de la cadena.[131] Dios y el agua interactuaban en un plano superior y cósmico. Pero el ser humano tenía una tarea activa y pasiva en la interacción de las fuerzas. En lo activo se requería la intervención de su capacidad para excavar pozos, para la construcción de embarcaciones, en el trabajo prudente de la agricultura, eventualmente para retener mediante represas la escasa agua. En lo pasivo, se trataba de moldear la vida en la presencia de Dios de tal manera que pudiesen evitarse la falta de lluvia o el diluvio como castigo. La responsabilidad del ser humano incluía sin duda múltiples ritos, oraciones y cantos.

---

[127] Schokel, 31.
[128] Elisabeth Cook, "La lluvia de Yahvé y la vida en la tierra: Un diálogo entre Génesis y Deuteronomio", Primer Semestre. Vol 26/1. San José: SEBILA, 2006, 52.
[129] Recordemos que esto tiene que ver con la concepción del mundo antiguo, la lluvia descendía cuando eran abiertas las compuertas de los cielos en la bóveda celeste, que eran las aguas celestiales, las de arriba (Gén.1: 6-8). Yahvé era quien abría las compuertas o ventanas de los cielos, como lo vemos en Gen. 7:11 y 8:1-2. Se pensaba que la naturaleza, el ser humano y Dios estaban unidos por una alianza de fuerzas, como una cadena.
[130] Cook, 58.
[131] Gerstenberger, 49.

El manantial אֵד, "niebla, vapor", se usa también en Job 36.27, nos habla de la niebla. "El atrae las gotas de agua, los vapores que se transformarán en lluvia". Esa niebla no es controlada por el ser humano. Depende plenamente de Dios. Cuando Dios la enviaba, cuando hacía "brotar" en hebreo "הִשְׁקָה", que significa "dar de beber, apagar la sed, regar[132]", ella empapaba la superficie de la tierra. Esto no dependía del ser humano, sino directamente de Dios, al igual que la lluvia. El manantial o aguas subterráneas eran aguas que estaban presentes en el lugar, sin ningún propósito.

En este segundo relato también se enfatiza la presencia del Espíritu de Dios (v7). Dice que Yahvé sopla, lo cual significa que el ser humano es נפח golpeado por el viento de Dios en la nariz, es dada נְשָׁמָה, respiración, espíritu de vida.[133] No se usa el mismo verbo en hebreo que en Génesis 1.2, donde el espíritu es רוּחַ o viento de Dios, una fuerza creadora. Esto es necesario tenerlo en cuenta porque lo volveremos a tocar más adelante.

> Entonces Yahvé Dios formó al ser humano con polvo del suelo, e insufló en sus narices aliento de vida, y resultó el ser humano un ser viviente (Gn 2.7).

El ser humano es formado del polvo del suelo. ¿Qué significa esto? Primero que existe una vinculación a la tierra. Esto nos revela que uno de los oficios importantes de Israel era ser agricultor. Entendían que tenían una relación con la tierra que era primordial para su supervivencia. En segundo lugar, nos deja ver su carácter mortal. En tercer lugar, Yahvé le sopla su aliento vital (Sal 104. 29-30); el ser humano tiene una respiración puesta por Dios mismo, lo que indica una especial relación con su Dios.

> Luego plantó נָטַע Yahvé Dios un jardín en Edén, al oriente, donde colocó al hombre que había formado.
>
> Yahvé Dios hizo brotar del suelo toda clase de árboles deleitosos a la vista y buenos para comer, y en medio del jardín, el árbol de la vida y el árbol de la ciencia del bien y del mal (Gn 2.8-9).

En el v 8, se indica que Dios plantó un jardín en el Edén, en hebreo el verbo utilizado es נָטַע que significa plantar.[134] Yahvé planta y hace brotar del suelo toda clase de árboles, lo hace todo y luego coloca al ser humano en él.

---

[132] Schokel, 785.
[133] *Ibid.*, 518.
[134] Schokel, 492.

El deber del ser humano de cuidarlo y de él alimentarse; nos vuelve a confirmar la relación, tierra, ser humano y Dios. Confirma esto el v15:

> Tomó, pues, Yahvé Dios al hombre y <u>le dejó en al jardín</u> de Edén,[135] para que <u>lo labrase y cuidase</u> (Gn 2.15).

Contrario a muchas interpretaciones que se le ha dado al Edén como un lugar de descanso o un mundo feliz, aquí el ser humano debía trabajar labrando y cuidando de la tierra. Así Dios enviaría la lluvia y junto al agua subterránea preservaría la vida de todas las especies.

De Edén salía יָצָא un río נָהָר que regaba el jardín, y desde allí se repartía en cuatro brazos.[136] El primero se llama Pisón, y corría rodeando toda la tierra de Evila donde hay oro, oro muy fino. Allí se encontraban también aromas y piedras preciosas. El segundo río se llama Guijón: era el que rodea el país de Kus. El tercer río se llamaba Tigris: era el que corría al oriente de Asur. Y el cuarto río era el Éufrates.

Tomó, pues, Yahvé Dios al hombre y le dejó en al jardín de Edén, para que lo labrase y cuidase (Gn 2.10-15).

Gn 2.5-15 es claramente un texto mitológico, que fue creado con la intención de enseñar el poderío de Yahvé el Dios de Israel; con su poder controla las aguas, cuida de la tierra, riega la lluvia sobre ella, asegurando la vida del ser humano.

El estudio de este párrafo bíblico nos muestra que el agua en movimiento como motivo literario, en este caso, el de los ríos, tiene una vital importancia debido a la escasez de agua de la zona geográfica descrita. Por ello este motivo es utilizado para dar énfasis en el tema de la dependencia en Yahvé, quien tiene el control del agua y de la vida del ser humano. Nos muestra como el agua es un elemento primordial para la vida, y que a la vez es Yahvé el proveedor. Hay una clara distinción entre el Espíritu de Dios y el agua, la cual es un instrumento de sustento para dar crecimiento a las plantas y árboles en el jardín, lo que sería el alimento para el ser humano. Nos hace notar que la agricultura era una labor importante de la época en que fue escrito este relato, un trabajo que generaba el sustento y que dependía tanto del trabajo del ser humano como de que Yahvé enviará la lluvia a su tiempo. Es importante señalar la trilogía en este relato: el

---

[135] La palabra hebrea que habitualmente se traduce por "jardín" es גַּן, es un lugar de trabajo, un "huerto."- Schokel,162.

[136] La ubicación del huerto se desconoce, pero para algunos exégetas, la existencia de un manantial o río de cuatro brazos que se describe en este texto responde a la geografía del Medio Oriente, específicamente a los ríos Ganges, Éufrates, Tigris y Nilo. Lo importante y de acuerdo a nuestro tema de tesis es que el río נָהָר salía יָצָא y regaba el jardín. Keener, 806-807.

ser humano trabaja la tierra, la tierra hace germinar la semilla a través del agua que envía Yahvé desde los cielos y Yahvé muestra su acción creadora y de sustento a través de la lluvia. En conclusión, el agua es la acción fiel de Yahvé a favor del ser humano que labra la tierra.

2.3 EL AGUA EN EL NACIMIENTO DE UN PUEBLO (Gn 6-8; Éx 14. 21-30)

En esta sección analizaremos el motivo del agua en movimiento en el relato del diluvio, Génesis 6-8, en el que observamos cómo el agua es movilizada como fuente de castigo y muerte, y que a la vez gesta nueva vida. Exploraremos cómo se plasma en el texto y la función que adquiere en los procesos de transición hacia la generación de la vida.

Es importante señalar que la mayoría de los y las biblistas concuerdan que Génesis 6-8 es una fusión de varias tradiciones, tradicionalmente asignados al Yavista y Sacerdotal.[137] Una de las diferencias encontradas es el nombre de la divinidad, la Yavista habla de Yahvé, y la Sacerdotal de Elohim, aunque relatan un mismo hecho. Así que, aunque se perciben rastros de estos dos relatos en las repeticiones y contradicciones internas del relato, fueron editados, sin embargo, de tal modo que relatan una sola historia.

Existen también documentos extra bíblicos que evidencian la prevalencia del mito del diluvio universal en la literatura de varios pueblos y culturas. Estos mitos registran experiencias de la fuerza destructora y regeneradora del agua. Ejemplo de esto es la épica de Atrahasis que se encuentra en las tablillas babilónicas de la Epopeya de Gilgames.[138] En el relato del Diluvio en Gn 6-8 encontramos el motivo del agua en movimiento asumiendo diversas formas: aguas del diluvio וּמֵי הַמַּבּוּל (v10), fuentes del gran abismo מַעְיְנֹת תְּהוֹם (v11) y lluvia גֶּשֶׁם (v12).

2.3.1 El agua, muerte y destrucción; un camino para la vida, Gn 6-8

En la delimitación de esta investigación se indicó que, en términos generales, la lluvia no sería un elemento tomado dentro de mi estudio, porque no son aguas en movimiento en el mismo sentido en que lo son las fuentes, manantiales, o ríos. Pero dentro de este relato en particular, según la cosmovisión israelita, la

---

[137] La composición del relato es debatida entre quienes consideran que hay dos relatos combinados y quienes afirman que un relato principal fue complementado por otro (u otros) redactores. - Cf. Ver Blenkinsopp, 13.
[138] *Ibid,.* 21-40.

lluvia se entiende como elemento proveniente de océanos celestiales, por lo que aquí serán mencionadas.

De acuerdo a los temas mencionados anteriormente, hemos visto que el cosmos fue creado por Yahvé y se mantiene en un equilibrio cósmico en relación con el ser humano y la naturaleza (Gn 1-2). Nuevamente vemos en Génesis 6-8 el trinomio de relación entre Dios, ser humano y naturaleza, como en Gn 2.5-25. Como hemos señalado, el dios supremo tenía poder sobre el cielo y tierra, manteniendo el orden. Y la sociedad era una parte importante de mantener el orden establecido por la divinidad: el ser humano tenía la orden de actuar bajo su voluntad.[139]

La primera función que adquiere el agua en movimiento en Génesis 6-8 responde a lo que Yahvé ve en la tierra y lo que decide hacer con el ser humano (Gn 6.5-13). El agua aquí será instrumento de Yahvé para la destrucción del mal. En Génesis 6.5-13 se relatan dos versiones de la valoración que hace Yahvé de los seres humanos y su decisión de eliminarlos de la faz de la tierra.[140] En Gn 6.5-6 Yahvé mira (רָאָה) a la humanidad, acción que denota el poder de Yahvé como Dios Supremo quien examina el proceder de su creación.[141] Ve la maldad del ser humano tanto en sus acciones como en sus pensamientos.

> Viendo רָאָה Yahvé que la maldad רָעָה del hombre cundía en la tierra, y que todos los pensamientos que ideaba su corazón eran puro mal רַע de continuo, le pesó נחם a Yahvé de haber hecho al hombre en la tierra, y se indignó עצב en su corazón (Gn 6.5-6).

El término "maldad" en hebreo רָעָה es un sustantivo que significa "hacer u obrar mal o hacer daño" y se traduce como maldad, delito o crimen [142](v5); es el obrar de la humanidad.[143] El texto nos dice que a Yahvé le "pesó" en su corazón.[144] Y ¿qué le pesó? De acuerdo al v.6, "de haber hecho al ser humano." Como Dios

---

[139] Frankfort y otros, 186.
[140] Según biblistas, estas dos versiones responden a distintas tradiciones, una ha sido designada como la yavista (J) y la otra sacerdotal (P). Los versos atribuidos a la tradición sacerdotal no nos informan de la cual es la razón o naturaleza de la corrupción de toda carne (6,9-12), en cambio, la versión yavista, nos dice en Gén 6.1-4 que el castigo de Dios es respuesta a la maldad humana evidenciada en la unión de los hijos de Dios con las hijas de los hombres. Giuseppe Barbaglio, *Dios ¿violento?* Estella: Verbo Divino. 1992, 31.
[141] Distinta es la narración mesopotámica del diluvio en la que los dioses planean la destrucción del mundo por motivo del "barullo" que hace la humanidad que perturba el sueño de los dioses. Gilberto Gorgulho, "La historia Primitiva. Génesis 1-11". RIBLA. http://www.claiweb.org/ribla /ribla23/la%20historia%20primitiva.html Fecha de acceso: 04.04.15
[142] Schokel, 711.
[143] A través de la raíz hebrea רַע (v.6) significa "malo, mala" se traduce como "puro mal", incorporándolo a la esencia del ser humano, sus pensamientos y deseo de su corazón. Claro está que no hay una definición de lo que era la maldad que habían realizado. Schokel, 707.
[144] En hebreo נחם significa "pesar", se refiere a un sentimiento o actitud con respecto a una acción, en este caso de Yahvé con respecto a la maldad del ser humano. Schokel, 489.

Supremo, se dolió de su creación,[145] hasta pensar en exterminar al ser humano de la faz de la tierra (v7).

Aquí vemos que al igual que los mitos mesopotámicos, tanto a los dioses como a Yahvé se le otorgan características humanas. Yahvé vio רָאָה desde los cielos lo que estaba ocurriendo en la tierra; le pesó נחם en su corazón, se indignó עצב por la mala conducta del ser humano, y decide exterminarlo מָחָה (v7).[146]

> Y dijo Yahveh: <u>Voy a exterminar</u> מָ de sobre la faz del suelo al hombre que he creado,- desde el hombre hasta los ganados, las sierpes, y hasta las aves del cielo - porque me pesa haberlos hecho (Gn 6.7).

En el v 7 vemos que la conducta del ser humano repercute no solo contaminando la tierra sino también en la muerte de todo ser vivo en la tierra.

En los v11-13, la segunda explicación del diluvio, la tierra estaba corrompida (שחת); se había estropeado su creación (v13) por la violencia del ser humano y Dios decide exterminar a todo lo creado por el caos que todo lo perturbaba. La tierra estaba corrompida שחת en la presencia de Dios: la tierra se llenó de <u>violencias</u> חָמָס . Dios miró רָאָה a la tierra, y he aquí que estaba <u>viciada</u> שחתporque toda carne tenía una conducta <u>viciosa</u> שחת sobre la tierra.

> Dijo, pues, Dios a Noé: «<u>He decidido acabar</u> קֵץ con toda carne, porque la tierra está llena de <u>violencias</u>חָמָס por culpa de ellos. Por eso, he aquí que voy a <u>exterminarlos</u> שחת de la tierra (Gn 6.11-13).

La tierra estaba "corrompida",[147] estaba llena de violencia, es decir, es la irrupción del Caos que destruye el orden del mundo, trastornándolo (Gn 65).[148] Este mismo sentido se repite en estos versículos 4 veces (corrompida שחת, violencia חָמָס, viciada שחת y violencias חָמָס), dando énfasis al por qué de la decisión de Dios.

En el v13, Yahvé decide, "He decidido acabar קֵץ con toda carne...", en respuesta a la conducta del ser humano. Esto también lo vemos presente en los escritos mesopotámicos, ya que era una manera de explicar ciertos fenómenos naturales. La divinidad se enoja y castiga a la humanidad a través de manifestaciones naturales como terremotos, tempestades, inundaciones, etc.[149] Yahvé era el dios que tenía la autoridad absoluta, de acuerdo a la visión israelita,

---

[145] En hebreo es עצב que significa "apenarse, enfadar, enfurecerse. Schokel, 582.
[146] El verbo que se traduce por "exterminar" es מָחָה que significa "borrar", "limpiar", como si el mal proceder del ser humano todo lo ensuciara o contaminara. Schokel, 417.
[147] en hebreo שחת que significa "estar corrompido, descompuesto", en hebreo חָמָס que significa trastornar, desbaratar, descomponer, desordenar. – Schokel, 757.
[148] Barbaglio, 32.
[149] Frankfort y otros, 189.

era quien había ordenado el Caos del principio. La palabra que aquí se traduce como acabar es קֵץ que significa "fin", e insiste (v13) y utiliza el termino hebreo שחת que significa destruir, aniquilar, exterminar todo viviente, debido a su condición corrompida שחת, incluso se puede ver que es el mismo verbo en hebreo[150].

Es hasta en Gn 6.17 que encontramos por primera vez mención de la función del agua en este proceso de destrucción: "Por mi parte, voy a traer el diluvio, las aguas sobre la tierra, para exterminar toda carne que tiene hálito de vida bajo el cielo: todo cuanto existe en la tierra perecerá". En los v14-22 y 7.1-9 vemos las instrucciones que Dios da a Noé para salvar su vida, la de su familia y algunos animales ante la sentencia que ha emitido sobre el ser humano y todo cuanto se ha corrompido.

Gn 7.10 -12 describe cómo "las aguas del diluvio" מַיִם מַבּוּל vinieron sobre la tierra. Los v11-12 presentan esta agua en movimiento que salta desde el abismo y baja desde los cielos. Esa misma agua que alimenta, que fluye por la tierra produciendo vida, ahora, será usada para aplicar la sentencia sobre todo ser vivo.

> El año seiscientos de la vida de Noé, el mes segundo, el día diecisiete del mes, en ese día saltaron בָּקַע todas las fuentes del gran abismo כָּל־מַעְיְנֹת תְּהוֹם , y las compuertas אֲרֻבֹּת del cielo se abrieron, y estuvo descargando la lluvia גֶּשֶׁם sobre la tierra cuarenta días y cuarenta noches (Gn 7.11-12).

La primera acción del agua en movimiento se percibe en las fuentes del gran abismo כָּל־מַעְיְנֹת תְּהוֹם (7.11), las fuentes del océano, las aguas subterráneas que están bajo el control de Yahvé. Estas aguas "saltan" (בָּקַע) y suben a la superficie. Se abren paso, rasgan una salida, revientan[151]. Podríamos decir que Dios ha dejado de actuar sobre ellas con el fin de permitir a las aguas su actuar volviendo al Caos primordial, contrario al orden que Yahvé, el dios del agua, había establecido. Ahora ese Espíritu de Dios, que todo lo mantenía en el cosmos según Gn 1 y el Salmo 104, se retira. Bien lo expresa Pikaza cuando dice: "…que el actuar de las aguas involucra el no actuar de Dios, sino su dejar de hacer. Es como si el ser humano fuera una mancha que se debe lavar, para que la tierra quede limpia. Para ello no necesita hacer nada, sino solo dejar de hacer, de cuidar y mirar al mundo de los seres humanos, dejando que las aguas expresen sin más su potencial de caos".[152]

---

[150] Schokel, 757.
[151] Schokel, 793.
[152] Pikaza, 19.

Este mismo Dios, que tiene todo bajo control con su poder y mantiene en un perfecto equilibrio el cosmos, deja de ejercer su dominio, dejando las aguas en su actuar original. Seguidamente, en 7.11-12 las compuertas אֲרֻבֹּת del cielo se abren (Gn 1.7), y la lluvia גֶּשֶׁם es derramada sobre la tierra a tal punto que todo se inunda como se describe en los v.17-24.[153]

> El diluvio duró cuarenta días sobre la tierra. Crecieron רבה las aguas מַיִם y levantaron el arca que se alzó de encima de la tierra.
>
> Subió גָּבַר el nivel de las aguas מַיִם y crecieron רבה mucho מְאֹד sobre la tierra, mientras el arca flotaba sobre la superficie de las aguas מַיִם
>
> Subió גָּבַר el nivel de las aguas מַיִם mucho מְאֹד, muchísimo מְאֹד sobre la tierra, y quedaron cubiertos los montes más altos que hay debajo del cielo.
>
> Quince codos por encima subió גָּבַר el nivel de las aguas מַיִם quedando cubiertos los montes (Gn 7.17-20).

En estos versículos 17-20 y 24 vemos como se repite la frase "subió גָּבַר el nivel de las aguas מַיִם, dos veces (v18-19), crecieron רבה las aguas מַיִם" (v17-18) dos veces, incluye también el termino מְאֹד "mucho" (dos veces v.19) indicándonos que el autor da énfasis al aumento de las aguas. El término "aguas" מַיִם se repite cinco veces, dentro de estos textos, indicando que estas aguas son las que crecen, suben, inundan y cubren todo. No queda vida, sino que destruye todo cuanto tenía el espíritu de Dios, el hálito de vida רוּחַ (Gn 6.17), con excepción de Noé, su familia y algunos animales dentro del arca.

El agua es usada aquí como elemento para ejercer una sentencia y destruir todo ser vivo y limpiar la tierra del ser humano.[154]

> Pereció toda כֹּל carne: lo que repta por la tierra, junto con aves, ganados, animales y todo כֹּל lo que pulula sobre la tierra, y toda כֹּל la humanidad. Todo כֹּל cuanto respira hálito vital, todo כֹּל cuanto existe en tierra firme, murió. Yahveh exterminó todo כֹּל ser que había sobre la haz del suelo, desde el hombre hasta los ganados, hasta las sierpes y hasta las aves del cielo: todos כֹּל fueron exterminados de la tierra, quedando sólo Noé y los que con él estaban en el arca. Las aguas מַיִם inundaron la tierra por espacio de 150 días (Gn 7.21-24).

---

[153] De acuerdo a la tradición yahvista el diluvio es producido por lluvia, contrario al sacerdotal donde vemos que es un evento cósmico, la tierra regresa al Caos de Gén.1:1-2. El yavista enfatiza en la tierra cultivable (Gén 6.7; 7.4; 8.8-13), en cambio el sacerdotal comprende la tierra como un todo con el cosmos, creado y ordenado por Dios.

[154] El término כֹּל que significa "todo", está repetido en este relato (v21-23) 7 veces, enfatizando el exterminio total. El término כֹּל "todo", significa que no quedó ningún ser viviente con excepción de quienes estaban en el arca.

En el v23 vemos el énfasis de que solo Noé y todos los que estaban en el arca quedan con vida. Finaliza este párrafo nuevamente con la mención de que las aguas מַיִם inundaban la tierra. Esta tierra que había sido creada por Dios (Gn 1) para que el ser humano la administrase (Gn 2), pero que había sido corrompida por el mal que había en él, ahora era destruida por medio del agua, como bien lo expresa 2 Pe 3.5-6:

> Pero intencionalmente olvidan que, desde tiempos antiguos, por la palabra de Dios, existía el cielo y también la tierra, que surgió del agua y mediante el agua. Por la palabra y el agua, el mundo de aquel entonces pereció inundado (2 Pe. 3.5-6).

El motivo literario adquiere un matiz algo distinto a partir de Gn 8:1. Hemos visto en este relato el actuar de Dios en momentos diferentes, al principio del relato Dios ve, se indigna y decide exterminar al ser humano por su actuar. Pero en el 8:1 Dios se acuerda, y este recordar marca un cambio. Dios se acuerda de Noé, su familia y de los animales que están en el arca.

> Acordóse זכר Dios de Noé y de todos los animales y de los ganados que con él estaban en el arca. Dios hizo pasar un viento רוח sobre la tierra y las aguas מַיִם decrecieron שכך (Gn 8.1).

"Acordóse זכר Dios…", esta frase nos dice que Dios se acuerda, toma nuevamente el control, cesando el actuar del agua, produciendo así un nuevo mundo, un espacio para que la vida nuevamente comience. Termina el Caos y esa agua destructora se ve sometida en calma, vuelve al orden antes establecido por Dios a través de su soplo. "Dios hace pasar un viento רוח sobre la tierra", que se traduce como viento, vendaval, brisa, diferente a Gn 2:7 (vpn) que es el aliento de vida que Dios coloca en el ser humano. Es un viento que tiene como fin hacer descender las aguas y secar la tierra y renovarla.

El agua en movimiento ahora permite evidenciar el gran poder de Dios y su control sobre todo lo creado, tal cual lo expresa Job 12:15 "Si retiene las aguas, sobreviene sequía, si las suelta, avasallan la tierra".

> Se cerraron סכר las fuentes del abismo מַעְיְנֹת תְּהוֹם y las compuertas del cielo, y cesó la lluvia גֶּשֶׁם del cielo. Poco a poco retrocedieron שוב las aguas מַיִם de sobre la tierra. Al cabo de 150 días, las aguas habían menguado (Gn 8.2-3).

Vemos en el capítulo 6 y 7 un proceso de destrucción en que participaron las aguas; ahora del capítulo 8 y siguientes nos relata un proceso gradual de inversión, en vez ascender e inundar la tierra para destrucción, ahora descienden para dar vida.

En el 8.1 inicia el relato mencionando el control de Yahvé sobre el agua. Yahvé sopla y envía viento רוּחַ para hacer descender las aguas, y para cerrar סכר las fuentes del abismo מַעְיְנֹת תְּהוֹם y las compuertas del cielo impidiendo que caiga la lluvia גֶּשֶׁם. Su viento hace retroceder שׁוּב las aguas hasta su lugar inicial. Este versículo nos revela cómo la cosmovisión del medio Oriente de las otras civilizaciones influyeron en la visión de Israel sobre el mundo. Pero también nos dice que el conocimiento que querían reforzar era que solo Yahvé controlaba la creación. Él dominaba sobre los dioses, siendo el Dios del agua, quien daba vida o la quitaba. Aquí las aguas son controladas por Yahvé, usadas para crear un lugar adecuado, un espacio para la vida.

Dios toma nuevamente el control de las aguas, volviéndolas a su cauce establecido en Gn 1.3 ss. Es importante reconocer en este relato que Yahvé no destruye la tierra con el agua, sino que la tierra se sumerge en ella. Ello nos indica destrucción y muerte del ser humano que habría obrado con maldad y de todo lo que había contaminado, pero también nos indica como la creación a través de ella fue purificada y regenerada. Según Mircea Eliade, esta es una imagen similar a la del bautismo, acto simbólico de la nueva creación vinculada al camino de la vida de Dios.[155] La inmersión equivale a la renovación, purificación, regeneración y renacimiento. Todo lo que en ella se sumerge muere y sale del agua sin pecado, sin historia, listo para comenzar una nueva vida.

Los sobrevivientes a la destrucción son la nueva humanidad que poblará la tierra, una humanidad bajo la fe de un único Dios que posee el control sobre el agua y que no quebrantará su pacto ni destruirá la tierra por agua.

> Éste es mi pacto con ustedes: "Nunca más serán exterminados los seres humanos por un diluvio; nunca más habrá un diluvio que destruya la tierra."
>
> Y Dios añadió: "Ésta es la señal del pacto que establezco para siempre con ustedes y con todos los seres vivientes que los acompañan: He colocado mi arco iris en las nubes, el cual servirá como señal de mi pacto con la tierra" (Gn 9.11-13).

En este relato podemos diferenciar que el motivo literario de agua en movimiento fue usado en dos grandes momentos: el primero, en la destrucción

---

[155] Mircea ELiade, *Tratado de la historia de las religiones.* Madrid: Cristiandad, 2000, 304.

que lleva como fin la muerte de todo aquello que no estaba en el arca, ya sea vegetación, animales o seres humanos, todo lo que estaba contaminado. Luego el segundo momento es la purificación de la tierra y regeneración de ella con el fin de dar paso a una nueva tierra, para que la habite la nueva generación de animales, aves y seres humanos. Así, el motivo literario de agua en movimiento incorpora en este relato el elemento de purificación y regeneración de la creación para la nueva comunidad que ha de formarse.

2.3.2 El agua, obstáculo, muerte y camino a la libertad, Éx 14. 21-30

Pero Génesis 6-8 no es el único lugar donde el motivo literario de agua en movimiento es utilizado para indicar la elección de un grupo seleccionado por parte de Yahvé. El relato de Éxodo 14.21-30, donde vemos al pueblo de Israel camino al monte Sinaí frente al Mar Rojo, huyendo del ejército egipcio, tiene mucha similitud con Génesis 6-8 con relación a la función del motivo literario de agua en movimiento.

Las aguas del mar יָם, que eran aguas caudalosas, se presentan como un gran obstáculo para que el pueblo de Israel alcance la libertad. Son una amenaza para la vida de Israel, al igual que el ejército de faraón que viene tras ellos, para esclavizarlos o darles muerte. Frente a esta dificultad Moisés recurre a Dios, quien le ordena avanzar y extender su mano con la vara sobre el mar.

> Moisés extendió su mano sobre el mar יָם, y Yahvé hizo soplar durante toda la noche un fuerte viento רוּחַ del Este que secó el mar יָם, y se dividieron las aguas מַיִם (Éx 14.21).

Al extender Moisés su mano sobre el mar, Yahvé el Dios del agua, "hizo pasar un viento רוּחַ del Este…" El término רוּחַ significa un viento fuerte, bochornoso, enervante, diferente a Génesis 2.7, que es el aliento de vida. Aquí es un viento que controla el cauce de las aguas, formando un camino para que el pueblo pase. Al secarse el mar יָם y dividirse las aguas מַיִם…" manifiestan el gran poder de Yahvé.

> Los israelitas entraron en medio del mar יָם a pie enjuto, mientras que las aguas מַיִם formaban muralla a derecha e izquierda (Éx 14.22).

Así entran los Israelitas camino del mar יָם, mientras éste formaba una muralla de aguas מַיִם a izquierda y derecha de ellos, abriéndoles un espacio, un camino hacia la libertad, lejos de sus enemigos. Lo que era un obstáculo ahora es controlado y usado por Dios para formar un camino a la nueva vida y la libertad. Al igual que las aguas de Gn 1, ellas son controladas por Yahvé y la tierra seca emerge abriendo un espacio para que pueda desarrollarse la vida, inicio de una nueva etapa para el surgimiento de una nueva nación bajo un solo Dios, Yahvé.

Diferente, en cambio, es para los egipcios, quienes entran en el mar al igual que los israelitas, pero el v24 nos dice que Yahvé, mira desde la columna de fuego y humo a los ejércitos egipcios sembrando confusión. Reconocen que es Yahvé quien pelea por los israelitas deseando huir, pero Dios habla a Moisés que extienda nuevamente su mano sobre las aguas.

> Extendió Moisés <u>su mano sobre el mar</u>, y al rayar el alba volvió el mar a su lecho; de modo que los egipcios, al querer huir, se vieron frente a las aguas. Así precipitó Yahveh a los egipcios en medio del mar, pues al <u>retroceder las aguas</u> cubrieron los carros y a su gente, a todo el ejército de Faraón, que había entrado en el mar para perseguirlos; no escapó ni uno siquiera (Éx 14.27-28).

Las aguas vuelven a su cauce normal, destruyendo a todos los egipcios y liberando a Israel, siendo las aguas un instrumento de muerte para los enemigos de Israel. "Mandaste tu soplo, cubriólos el mar; se hundieron como plomo en las temibles aguas" (Éx 15.10).

En ambos párrafos bíblicos vemos como el motivo literario de agua en movimiento es utilizado para demostrar el control de Dios sobre ella, y como ésta sirve para destruir y dar vida. En Génesis 6-8 se incorporan los elementos de purificación, regeneración y muerte. En Éxodo es obstáculo, muerte y un camino, un espacio a la libertad, a la vida plena.

Podemos notar en cada situación tres elementos que repiten una y otra vez dentro de cada historia, una triada: Dios, el pueblo de Israel y el agua. Es interesante notar la diferencia entre ellos y a la vez su dependencia.

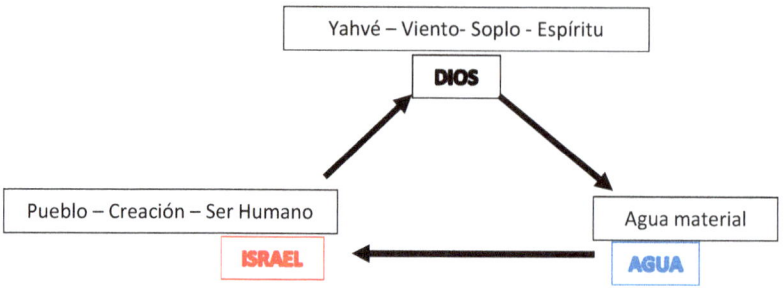

Ilustración 29: Triada

Dios está presente como el proveedor del agua, como quien da origen a la humanidad y a su pueblo, se hace presente en el viento, y utiliza el agua como medio para bendecir a su pueblo, como una herramienta para su propósito, para dar vida. Esta triada dentro del Antiguo y Nuevo testamento es notoria en cada relato, incluso van cambiando de imágenes, pero siempre está presente, por ello continuaremos en el siguiente capítulo y veremos las imágenes presentes y cómo dependen entre sí y también sus diferencias.

CAPITULO III

3. EL CAMINAR DE YAHVÉ CON ISRAEL

> ... En la tierra yo solo, solitario,
> Dios solo y solitario allá en el cielo,
> Y entre los dos la inmensidad desnuda
> Su alma tendiendo.
> Le hablo allí sin testigos maliciosos,
> A voz herida le hablo y en secreto,
> Y Él en secreto me oye y mis gemidos
> Guarda en su pecho.
> Me besa Dios con su infinita boca,
> Con su boca de amor, que es toda fuego,
> En la boca me besa y me la enciende
> Toda en anhelo.
> Y enardecido así me vuelvo a tierra,
> Me pongo con mis manos en el suelo
> A escarbar las arenas abrasadas,
> Sangran los dedos,
> Saltan las uñas, zarpas de codicia,
> Baña el sudor mis castigados miembros,
> En las venas la sangre se me yelda,
> Sed de agua siento;
> De agua de Dios que el arenal esconde
> De agua de Dios que duerme en el desierto,
> De agua que correo refrescante y clara
> Bajo aquel suelo;
> Del agua oculta que la adusta arena
> Con amor guarda en el estéril seno,
> De agua que aún lejos de lumbre vive
> Llena de cielo.
> Y cuando un sorbo, manantial de vida,
> Me ha revivido el corazón y el seso,
> Alzo mi frente a Dios y de mis ojos
> En curso lento
> Al arenal dos lágrimas resbalan,
> Que se las traga en el estéril seno,
> Y allí a juntarse con las aguas puras,
> Llevan mi anhelo...
> Dejadme solo y solitario, a solas
> Con mi Dios solitario, en el desierto;
> Me buscaré en sus aguas soterrañas
> Recio consuelo.[156]

---

[156] Unamuno, Miguel de. "En el desierto". 1906, *El rostro en el espejo. Lecturas de Unamuno*, editado por Armando López Castro. Salamanca: Universidad, 2010, 81. – Dibujo Inédito, propiedad Texia Anbalón N.

Al iniciar el capítulo III he citado a Unamuno con un fragmento del poema "En el desierto." Este poema nos refleja la situación de los que viven en la ciudad o en un terreno lleno de abundancia de agua, lleno de flores, pero ciegos a la presencia de Dios. También nos muestra el anhelo de un necesitado de Dios y de la vida, ya que nos refleja el encuentro entre un ser humano con su Dios en medio del desierto, en medio de la necesidad, de la aflicción. El poema nos describe la necesidad del agua para sobrevivir, igualándola a la necesidad de Dios. Esas palabras tan profundas introducen el nuevo tema de nuestro estudio, "El caminar de Dios con Israel". Son las experiencias del poema de Unamuno, también descritas en los textos bíblicos que analizaremos a continuación.

Iniciamos este tercer capítulo con el análisis del motivo de agua en movimiento en una dimensión cósmica en relación con Yahvé, Al igual que en el capítulo anterior de esta tesis, vemos aquí a Yahvé como el dios de Israel y protagonista de la historia de su pueblo. Pero esta vez Yahvé no se muestra sólo como proveedor del agua de los cielos y de las profundidades, sino que es el mismo manantial de agua: "Yahvé, Manantial de agua Viva" (Jr 2.1-13).

También encontraremos al agua en movimiento presente en la dimensión material y humana como son el pozo y como el mar, refiriéndonos a la esperanza en situaciones límites y a la vida que viene de Yahvé. El agua se asocia al cuidado de Yahvé con su pueblo específicamente en el desierto, "Agua en el Desierto (Gn 21.1-21; Éx 17.1-7; Is 41.17-19). Luego vemos el significado que adquiere el agua con relación a la Justicia: "El Agua y la Justicia" (Am 5.21-24). La sección, "El agua y la sanidad" (Ez 47.1-12), refleja el don del agua como bendición para toda la tierra.

3.1 YAHVÉ, MANANTIAL DE AGUA VIVA

Todas las dificultades que Israel enfrentó en su historia nos permiten vislumbrar en las historias narradas en los textos bíblicos el valor del agua. Esto nos permite redescubrir también la importancia trascendental del agua, específicamente cuando el escritor del libro de Jeremías expresa que Yahvé ya no solo es el proveedor del agua, sino que es "el Manantial de Agua Viva." Para entender el porqué de este título, iniciaré el análisis definiendo algunas palabras claves, como: "Cisternas" בּארֹות y "Manantial" מְקוֹר con el fin de comprender su diferencia, ya que son importantes dentro de la narración del texto.

3.1.1 El agua de cisternas

Según el relato bíblico, Israel al principio era un pueblo nómada quien, en sus inicios, viaja por el desierto camino a la tierra prometida, Canaán. En este viaje era necesario cavar pozos para el suministro del agua para sobrevivir, como lo vemos en Gn 21.30-31; 26.18-19 y eran pozos de aguas vivas מַיִם חַי [157], manantiales o corrientes de aguas subterráneas. Otra forma conocida para abastecerse de agua en el Medio Oriente Antiguo eran las cisternas, depósitos hechos en el suelo en forma de pera que recogían el agua de lluvia que caía normalmente en los meses de octubre hasta abril. La boca de la cisterna se tapaba con una piedra.[158] El agua recogida se utilizaba tanto para el sustento del ganado, como para la agricultura. Esto nos muestra la gran importancia que el agua tenía para Israel: era el medio para sobrevivir allí en medio de un clima seco. El agua significaba la vida.

El libro de Jeremías es muy distinto a los otros libros de la Biblia en su uso del motivo literario de agua en movimiento. Hemos visto cómo el agua se relaciona en otros textos con una dimensión cósmica de la divinidad, y su papel en la creación del mundo y de la comunidad humana. Jeremías, en cambio, identifica a Yahvé directamente al agua, designándolo como "Manantial de agua viva" específicamente para Israel. La imagen del agua viva funge como elemento fundamental del mensaje profético de Jeremías, debido precisamente a la gran importancia que el agua tiene para vivir.

3.1.2 Contexto de Jeremías 2.1-13

Según el libro de este profeta, Jeremías venía de una familia sacerdotal. En el año 627 a.C. recibió su vocación (1.4-10). Jeremías criticaba fuertemente a la monarquía por las injusticias contra los campesinos, la adoración de otros dioses y la infidelidad a Yahvé.[159] Su ministerio se desarrolló antes del exilio de Judá, en el reino del Sur. Su profecía se dirigía a Judá, aunque existen variadas opiniones sobre este tema, ya que existen añadidos en el libro que se dirigían al reino del norte y también a los exiliados en Babilonia y a judíos en Egipto.[160] Nuestro interés está en el motivo del agua en movimiento que se expresa en la descripción de Yahvé como "manantial de agua viva".

---

[157] Schokel, 242.
[158] Tomas Nelson, *Diccionario Ilustrado de la Biblia*. México: Caribe, 1998, 118.
[159] Luiz Alexandre Solano Rossi, *Cómo leer el libro de Jeremías*. Bogotá: San Pablo, 2011, 12-13.
[160] Armando J. Levoratti, *Comentario bíblico latinoamericano. Antiguo Testamento II*. Navarra: Verbo Divino, 2007, 336.

3.1.3 Análisis de Jeremías 2:1-13

El motivo del agua en movimiento en Jeremías 2 se encuentra inserto en una unidad que abarca los versículos 1-13. Este texto, un litigio de Yahvé hacia Israel, cierra con una referencia a Yahvé como manantial de aguas vivas. El capítulo se puede dividir en 4 partes:

2:1-3: Litigio de Yahvé hacia Israel a través del Profeta Jeremías

2:4-9: Razón del litigio

2:10-12: Yahvé compara a Israel con las otras naciones

2:13: Yahvé insiste en la acusación y nos revela el mal de Israel

3.1.3.1 La primera parte se refiere al litigio de Yahvé hacia Israel a través del Profeta Jeremías:

Abarca los v1 al v3, donde vemos como en el nombre de Yahvé Jeremías comienza una denuncia, un litigio (v8-9) hacia el pueblo de Israel, criticando su infidelidad y llamándolos a la conversión, a volverse a Yahvé.

> Entonces me fue dirigida la palabra de Yahvé en estos términos: Ve y grita a los oídos de Jerusalén: Así dice Yahvé: De ti recuerdo tu cariño juvenil, el amor de tu noviazgo; aquel seguirme tú por el desierto, por la tierra no sembrada. Consagrado a Yahvé estaba Israel, primicias de su cosecha. «Quienquiera que lo coma, será reo; mal le sucederá» -oráculo de Yahvé (Jr 2.1-3).

En el v1 vemos la fórmula común de los escritos proféticos, "vino a mí palabra de Yahvé"..., "Así dice el Señor"... o en este caso "me fue dirigida palabra de Yahvé"..., y "Así dice Yahvé...", expresiones típicas para apertura de los oráculos proféticos.[161]

Encontramos en estos 3 versículos que Yahvé recuerda a Israel una relación idealizada, como una relación de adolescente, de noviazgo, recordándoles que en el desierto ellos dependían de él, ya que era él quien les daba el agua y todo cuanto necesitaban. Por ello les recuerda "la tierra no sembrada", tierra seca infértil.

---

[161] Fórmula Profética de los oráculos. L. Alonso Schökel, *La palabra inspirada*. Madrid: Cristiandad, 1986, 89.

3.1.3.2 La segunda parte se refiere a la razón del litigio (v4-9)
En esta parte del texto analizaremos la razón de la denuncia, pero primero describamos la escena que nos presenta el escritor del texto. Tenemos presente al acusador, que es Yahvé y al acusado que es Israel.

Yahvé inicia su acusación reprochándole a Israel su conducta. Le reprocha su abandono, su olvido, su infidelidad (v.5-6). La acusación no solo es de carácter religioso, sino también a la elite, a los gobernantes por no buscarle (v6-7). Toda esta acusación está en contraste con las bondades y bendiciones que él les ha dado, y les recuerda el viaje por el desierto y la entrada a la tierra prometida (v7). Vemos a un Jeremías entregando el mensaje de parte de Yahvé. Un mensaje que cuestiona a Israel: "se alejaron de mi vera", indica olvido, una relación rota, "se hicieron vanos" y no le buscaron.

El v8 es una crítica a los encargados de la fe, de la religión de Israel, a los sacerdotes, profetas, a quienes conocían la ley de Dios. Se les acusa de abandonarlo y buscar a otros dioses y profetizar en nombre de Baal. Aun conociendo y experimentando el cuidado de Dios en el desierto, le dejaron.

En el v9, Yahvé insiste en su acusación sobre Israel y su descendencia, con el término "vosotros" (v5 y 9). Hace responsables a los descendientes de apartarse de la fe de sus padres. Por eso Jeremías Responsabilizan a todos del conocimiento de quien es Yahvé y su relación como pueblo en el desierto.

3.1.3.3 En la tercera parte Yahvé compara a Israel a las otras naciones (v10-12), pero insiste en el abandono de su fe.

> Porque, en efecto, pasad a las islas de los Kittim y ved, enviad a Quedar quien investigue a fondo, pensadlo bien y ved si aconteció cosa tal: ¿Hay alguna nación que haya cambiado de dioses, a pesar de que no son dioses? ¡Pues mi pueblo ha cambiado al que es su gloria, por lo que no sirve para nada! Pasmaos, cielos, de ello, erizaos y cobrad <u>gran espanto</u> - oráculo de Yahvé (Jr 2.10-12)

En el v10 encontramos que el autor nombra dos ciudades, Kittim y Quedar.[162] Son ciudades que su riqueza y fama provenía del intercambio comercial, Yahvé les envía a observar, reflexionar de que esas ciudades pese a que tienen dioses

---

[162] Es el término hebreo para Kition, es probable que se refiera a la totalidad de la isla, Chipre. En el período de Jeremías denota a Grecia o de manera general un lugar distante. Quedar era el nombre de una tribu ismaelita que floreció entre los siglos VIII y IV a.C. John H. Victor y otros, *Comentario del contexto cultural de la Biblia. Antiguo Testamento*. El Paso, TX: Mundo Hispano, 2004,725-726.

que no son dioses, no los cambian, no los dejan. Y nuevamente se dirige a Israel: "Pues mi pueblo ha cambiado a Yahvé por lo que no sirve".

El v12 es una alerta un llamado al testigo presente en esta acusación: "los cielos". Le dice pasmaos, erizaos, cobrad espanto שׁמם, es decir, asústense, estremézcanse וְשַׂעֲרוּ , séquense de terror, horrorizados חָרְבוּ, por lo que viene como consecuencia de dejar a Yahvé.

3.1.3.4 En la cuarta parte (v 13), Yahvé insiste en la acusación y nos revela el mal de Israel.

> Doble mal ha hecho mi pueblo: a mí me dejaron, Manantial de aguas vivas, para hacerse cisternas, cisternas agrietadas, que el agua no retienen (Jr 2.13).

En el v13 es donde quiero detener mi estudio, porque es aquí donde se compara a Yahvé como el manantial de aguas vivas. Estamos en un juicio: el acusado es Israel, el acusador Yahvé y el testigo son los cielos. Ahora es en este momento cuando vemos que Yahvé declara finalmente la acusación contra su pueblo. "Doble mal ha hecho Israel" a) me dejaron manantial de aguas vivas y b) hicieron cisternas agrietadas, que no retienen agua.

a)   El primer mal

Tenían un pacto con Yahvé en el desierto, pero rompieron ese pacto. Fueron infieles y desleales. "Me dejaron manantial de aguas vivas" … Ya vimos en los v 5-8 como Yahvé recuerda el camino de Israel por el desierto, su lealtad con él, y denuncia el abandono de Israel hacia él. Es más, dice el v11 "me cambiaron...", esto nos lleva más allá de un abandono, a un "trueque": cambiaron a Yahvé por un "bien mayor"[163] ¿Qué es ese bien para Israel? Ese bien es un nuevo dios, pero un dios que ante Yahvé no sirve.

El autor hace hablar a Yahvé, quien se considera manantial de aguas vivas, recordando la importancia del agua material en medio del desierto, entendiendo que la característica del agua es proporcionar la vida. Recordemos que inicia el litigio haciendo un recuento de la relación de Israel y su vivencia en el desierto. Por ello aquí vemos como el escritor utiliza esta misma imagen, llevándola a un paso más allá, trascendiendo su significado material, aplicándola a la fidelidad

---

[163] Walton y otros, 726.

en Yahvé, entendiendo que la vida y su condición de libertad dependen también de Yahvé.

b) El segundo mal

"Se hicieron cisternas agrietadas, que no retienen agua". Recordemos que paginas anteriores vimos la importancia de la cisterna en las culturas de medio oriente: cavaban para obtener el agua que les sustentaría en medio del terreno árido. Se utilizaban para retener el agua lluvia, y poder sobrevivir. Aquí el autor del texto compara a los dioses como cisternas, nos refleja el esfuerzo que deben hacer para construirla para que al fin no resulte, no retengan el agua. Esas cisternas llevan tiempo y esfuerzo perdido, en contraste a Yahvé quien es un manantial. Ya que Yhavé posee su propia agua, no necesita ser recolectada, es gratuita, ya la tienen a su alcance, sin esfuerzo. Pero aquí Israel hace sus propias cisternas, es decir, buscan sus propios dioses, quienes no sirven, no suplen la necesidad de Israel, son dioses sin poder.

El v13 nos aclara, diciendo que Israel era esclavo y estaba a punto de terminar en el exilio en tierra extranjera por sus decisiones y tienen dioses que no le dan vida. Por ello, su condición cambiaría y serían esclavos en tierra extraña. No sería un castigo de Yahvé sino una consecuencia de su decisión, un autocastigo.

Jeremías utiliza la imagen de "manantial de aguas vivas" para hablar de Yahvé, para declarar que por él tenían la vida, la libertad. La imagen de la cisterna rota es el bien que se escapa entre las grietas, el riesgo de que su vida y la libertad se escapen de ellos. Jeremías, por tanto, eleva el significado del agua en movimiento y lo aplica a Yahvé, a su actuar en medio de su pueblo Israel. Imagen que se encuentra en varios versículos, como: Is 55.1; Sal 42 y 63.

Veamos lo que dice Isaías:

> A todos los sedientos: Venid a las aguas y los que no tienen dinero, venid, comprad y comed. Venid, comprad sin dinero y sin precio, vino y leche. (Is 55.1)

La problemática histórica en que se desarrolla este texto, es cuando Israel se encuentra en el exilio, en medio de la angustia y nostalgia por su tierra, en momentos en que la fe flaqueaba y se disipaba toda esperanza. No habría vida para ellos, no habría justicia.[164] Es ahí donde el profeta actualiza el mensaje del primer éxodo, aplicándolo a su realidad actual, eliminando todo límite de

---

[164] Para muchos investigadores el profeta se encontraba en Babilonia, pero para otros en Jerusalén, aunque este tema aún es bastante controversial. Alonso Schökel. y J.L. Sicre D., *Profetas. Isaías*. Madrid: Cristiandad, 1980, 263.

tiempo, al describir una situación que antes había sido histórica. Esta situación la vuelve trascendente, enfocándola e interpretándola a una libertad próxima de los exiliados. Describe allí el obrar de Dios, donde verían la libertad, la justicia y la vida. Por ello es tan importante la imagen del desierto, el éxodo, donde la gente camina sedienta, donde hay necesidad de agua, por ello aquí el profeta utiliza esta imagen "A todos los sedientos…"

A todos los sedientos צָמֵא:

Venid לְכוּ

a las aguas לַמַּיִם

y los que no tienen dinero, venid, comprad y comed.

Venid, comprad sin dinero y sin precio, vino y leche   (Is 55.1).

En el v1, vemos a alguien que pregona, que hace un llamado de atención, una invitación "Venid… לְכוּ".[165] Esta invitación esta repetida 4 veces en los 3 primeros versículos. Este ofrecimiento enfocado en la palabra "Venid" nos muestra la insistencia, la invitación a aquellos sedientos, a los necesitados, a "todos los sedientos צָמֵא" en hebreo significa…"cansado y sin ánimo". ¿Quiénes son estos? Según el Diccionario de la Real Academia, "sediento" lo define como: "Que tiene sed", aplicable a la necesidad de agua. Persona que enfrenta el riesgo de morir. También existe una segunda definición que es: "Que con ansia desea algo", la que no aplica específicamente a la necesidad de agua, sino de "algo".[166]

Ahora pongamos atención: el profeta invita a los sedientos "a las aguas לַמַּיִם". Usa esa imagen de aguas, al igual que Jeremías, y vemos el significado en el versículo 3, "venid a mí; oíd, y vivirá vuestra alma." ¿Quién es las aguas? DeuteroIsaías usa la imagen de las aguas para hablar de Yahvé, porque ya entendía que solo Yahvé era quien podía asegurar la vida para su pueblo, Él era quien podía deleitarles con grosura y saciar su sed (v2 y 3). Pero, ¿sed de qué?

El profeta les ofrece vino y leche, los alimentos primordiales para la vida. Sin dinero gratuito, está disponible sin condiciones, no se agota. El v3 nos presenta

---

[165] Formula que se utiliza en los Proverbios 1:20; 8:1. – Schökel. y Sicre, 338.
[166] Diccionario de la real Academia. http://dle.rae.es/?id=XRPkLA0 Fecha de acceso: 12.02.16

una condición: "oíd". "venid a mí; oíd, y vivirá vuestra alma; ..." y oír qué, la palabra de Dios que ofrece agua gratuita, libertad, bienestar, un acercamiento como en el principio, en el desierto de relación de acogida.

y los que no tienen dinero, venid, comprad y comed.

Venid, comprad sin dinero y sin precio, vino y leche (Is 55.1).

En la segunda parte del versículo 1 el profeta invita "a los que no tienen dinero", y es específica, "venid, comprar y comed". Contra toda lógica y orden establecido en lo económico, vendrá, comerá y comprará sin dinero, será gratis ¿Qué es lo que comprarán sin dinero? ¿Qué es lo sin precio? Significa que recibirán un regalo. Sí, es la promesa de vida "Gratuita".

Otros textos muestran la necesidad del ser humano de la presencia manifiesta de Dios, expresada con la imagen de la sed, pero no sed de agua. Los Salmos 42 y 63, por ejemplo, expresan la necesidad de Dios, como si fuese el agua, entendiendo la importancia que esta tiene para la vida.

Los salmos 42, 43, 44 y 45 son considerados una antigua súplica colectiva. Se cree que fueron apilados durante el exilio y adaptados a la situación dolorosa de Jerusalén en los comienzos de ésta etapa en Babilonia.[167] El salmo 42 tiene una estrecha unidad con el 43, se pueden ver como si fuesen uno solo. Según el encabezamiento del salmo 42, es el primero de la colección llamada "de los hijos de Coré".[168]

Como la cierva brama por las corrientes de las aguas,

Así clama por ti, oh Dios, el alma mía.   (Sal 42.1)

Mi alma tiene sed de Dios, del Dios vivo;

¿Cuándo vendré, y me presentaré delante de Dios? (Sal 42.2)

En el v1 el autor nos muestra de una manera maravillosa y poética dos imágenes, al igual que los publicistas hoy, cuando nos presentan el objeto de venta, nos muestran sus características y los beneficios. El autor con su pluma nos describe la primera imagen: una cierva. Imagen que es conocida para el público a quien va dirigido el texto, por ello no hay mayor detalle, solo describe

---

[167] Enzo Cortese y Silvestre Pongutá. "Salmos". *Comentario Bíblico Latinoamericano. Antiguo Testamento II*. Estella: Verbo Divino, 2007, 672.
[168] *Ibid.*, 672.

lo que quiere enfatizar "brama". Esto nos muestra que ella gime, es un grito con angustia, con necesidad y deseo. Anhela las corrientes de las aguas, un agua que corre, que está en movimiento.

La segunda imagen, que nos presenta el escritor, es a un ser humano, imagen que no necesita describir porque ya lo ha hecho en la primera parte. Ahora solo hace una comparación, igualando ambas imágenes: "Como la cierva brama" con la segunda parte del versículo, Así clama por ti. El bramido de la cierva lo compara con su dolor, su angustia, su clamor y su sed. Es decir, el autor del salmo se mira a sí mismo. La diferencia entre las dos imágenes es que el autor o ser humano representado no tiene sed solo de agua, sino nos describe una sed diferente: está sediento de Dios "Así clama por ti, oh Dios, el alma mía".

Si leemos con atención y preguntamos ¿Qué es lo que anhela el autor? ¿Qué son las corrientes de las aguas?, podremos comprender, de acuerdo al v2, que "las corrientes de las aguas" se refieren a Dios, específicamente "estar en la presencia de Dios, delante de él". Entonces podemos decir que al igual que Isaías 53.1 se utiliza el agua para hablar directamente de Yahvé como el Dios que sustenta y sacia toda necesidad.

¿De qué necesidad habla el salmista? Es la sed, el anhelo de que Dios se haga presente, se manifieste ante la injusticia que han cometido sus enemigos (Sal 42.3). Y aun, es más, siente la ausencia de Dios, se siente solo, alejado de Dios, por eso clama como la cierva por las corrientes de las aguas, llegando a preguntarse ¿Dónde está tu Dios? (v3). Comprendiendo que sin agua no hay vida, comprendiendo que sin Dios no hay vida.

Los salmos 42.1-2; 63.1; 143.6; describen situaciones en donde existe necesidad de Dios, sed de él, de sentirlo cerca, de sentir su compañía. Y en el salmo 63.1 vemos la misma declaración:

> Dios, Dios mío eres tú; De madrugada te buscaré; Mi alma tiene sed de ti, mi carne te anhela, en tierra seca y árida donde no hay aguas… Sal 63.1

La sed, el anhelo de Dios describen una imagen similar a la experiencia ya vivida por Israel en el desierto en el Éxodo. "Mi alma tienen sed de ti". La sed de Dios, de que él obre a su favor. La caminata por el desierto enfrentaba la sed y el sol, por tanto, la muerte. El salmista enfrenta la persecución, la injusticia, la muerte. Por ello el v1 describe una relación dependiente de Dios, donde gime, donde busca a Dios para que obre a su favor, como lo expresa claramente el v10-12, donde asegura que Dios castigará a sus perseguidores y llenará de alegría al rey y a los justos. De acuerdo Esperanza de Israel, descrita en Jr 17.13:

Yahvé: todos los que te abandonan serán avergonzados, y los que se apartan de ti, en la tierra serán escritos, por haber abandonado el manantial de aguas vivas, Yahvé (Jr 17.13).

Cada uno de estos textos analizados nos presenta como los escritores bíblicos usaron la imagen del agua en movimiento para dar a entender al pueblo que, al igual que el agua es necesaria para la vida, la presencia de Dios con ellos, específicamente el obrar de Dios, su justicia, es necesaria para sustentarles en medio de la amenaza de muerte.

3.2 EL AGUA EN EL DESIERTO

Palestina es una región inhóspita, seca; es tierra de estepas y desierto[169]. En la cosmovisión de Medio Oriente el desierto era un lugar para enterrar a los muertos (Sal 107.4-5).[170] A Yahvé no se le imagina en ese lugar, por ello se cree que el ser humano estaba allí alejado de su Dios, en aflicción, en agonía. Se concebía como un lugar temible, donde asechaba el mal, la desolación y la muerte, como lo vemos en pasajes bíblicos como Sal 52.5, 63.2, 91.3; Is 64.9. Por ello, un motivo frecuente en la Biblia es "el agua en el desierto",[171] donde se evidencia la provisión de Yahvé por medio del agua en este lugar inhóspito.

Ilustración 30: Desierto según la cosmovisión del Antiguo Testamento

El motivo de "agua en movimiento" está inserto dentro de este motivo de "agua en el desierto", por ello no todos los textos que nombran el desierto entran en nuestro estudio, sino solo los que están dentro de la dimensión de provisión y salvación donde fluye el agua. Este es el caso de Gn 21, (estrechamente vinculado a Gn 16), la historia de Agar e Ismael; Ex 17, que nos remite al tema de provisión de agua para el pueblo de Israel en el desierto camino a Canaán

---
[169] Walton y otros, 44.
[170] Figura del desierto según la cosmovisión del Antiguo Testamento. - Keel, 73.
[171] Referencia al desierto: Is 48.21 hace alusión al Éxodo, Is 48.8-13; 43.20; Is 35; 44.1-4; Sal 107.33-38.

(Cf. Nm 20; Sal 78:15s; Sal 105:40ss; Neh 9.15; Ex 15.23ss); como también Is 41.17-18, que nos remite a una imagen de salvación, representada por la transformación del desierto en un lugar de aguas que fluyen, donde anuncia un nuevo éxodo, el retorno del exilio. Tanto los ismaelitas en Génesis 21, como Israel en Éxodo 17 e Isaías 41 se relacionan con el nacimiento de un pueblo.

La dimensión del agua en movimiento al ser analizada en esta sección es usada como un elemento de esperanza en situaciones límite, esperanza que surge en Yahvé. Veremos cómo el agua material que asegura la vida en el desierto, adquiere el significado de salvación, de cuidado de Yahvé y funciona como signo de su presencia en medio de la desesperanza del pueblo.

3.2.1 El agua da nueva vida, Gn 21.1-21

El estudio de Génesis se centra en el motivo literario del agua en movimiento que identificamos a través del término "pozo" בְּאֵר. Este término, que aparece 37 veces en el Antiguo Testamento, se refiere a la excavación en el suelo, que llega a una capa de agua en una depresión o que se filtra a través de las arenas. Se abrían los lechos secos de los torrentes cuando se sospechaba que debajo de ellos corrían aguas vivas (Gn 21.30, 31; 24.19; 26.20-25) y la boca de la cisterna se tapaba con una piedra.[172] Los pozos eran lugares o sitios de refrigerio para los viajeros, donde satisfacían su sed.

La historia de la expulsión de Agar se encuentra en el contexto de la promesa hecha por Dios a Abraham de que sería padre de una gran nación (Gn 12.2-3).[173] Habían pasado los años y aún Sara no le había dado un hijo a Abraham, por lo que ella le pide que tenga un hijo de su sierva (Gn 16.1-3).[174] Al concebir Agar un hijo de Abraham (Gn 16.15) le pone por nombre Ismael.[175] En Gn 16 vemos la rivalidad entre Agar y Sara, dado que Sara había utilizado a Agar para tener un hijo con Abraham. Gn 21 retorna a la rivalidad entre Sara y Agar, pero esta

---

[172] Nelson, 118.
[173] Génesis 21 está dentro de una macro estructura, es decir está en lugar dentro de un gran libro que posee 50 capítulos. En los 11 primeros capítulos habla de la creación y nos cuenta de la expansión gradual de la humanidad y el desarrollo de la cultura humana. Desde el capítulo 12 inicia el relato de los patriarcas, con la historia de Abraham y se termina en el 50 con la historia de José. Génesis 21 se encuentra dentro del ciclo de Abraham, que abarca Génesis 11.26 – 25.18.
[174] En el Código Babilónico de Hammurabi en el S XVIII a. C. existen contratos de subrogancia de sacerdotisas a las que no se les permitía tener hijos. - Era costumbre en esos tiempos, las siervas o esclavas eran consideradas propiedad de las amas, éstas hacían distintas tareas caseras y también como subrogante de esterilidad. Su función principalmente era como concubinas, no en categoría de esposa. John H. Walton y otros, 39.
[175] En el mundo antiguo, las mujeres obtenían honor por medio del matrimonio y los hijos. Esto daba lugar a que la actitud de Agar cambiara y menospreciara a su señora, debido a que era estéril, no podía concebir hijos (Gén. 16:4). *Ibid.*, 39.

vez por la herencia de los hijos ya nacidos.[176] Dios había confirmado en Génesis 18.10-12 la promesa de que Sara tendría un hijo de Abraham, y Sara concibió un hijo (Gn 21.1-3). Luego el niño es destetado y Abraham hace un gran banquete para Isaac, el hijo de Sara su esposa[177]. Es en esta fiesta que Sara observa al hijo de Agar la esclava, a Ismael, jugando con su hijo Isaac (Gn21. 9). Sara se preocupa por la herencia de su hijo y pide que Abraham expulse a Agar y a Ismael. Los v.13-14 nos muestran a un padre resignado, quien prepara pan y un odre de agua para despedir a Agar e Ismael[178]. En el v14 el texto nos describe el desierto como un lugar en el que Agar anda errante *y sin* camino (Gen 21.14).

…Ella se fue y <u>anduvo</u> por el <u>desierto</u> de Beerseba (Gn 21.14).

El desierto מִדְבָּר es un lugar vació, seco, estepa, sin vegetación[179], algo que nos recuerda la imagen de Gn 2.4. Es un lugar seco, donde no había vida. Este verso nos indica el duro sendero y momento que vivió Agar y su hijo; nos evidencia que el agua del odre que Abraham le había dado era insuficiente, un agua que no se renovaba, y pronto le hizo falta. Esto ocasionó que pronto se sintiera sin esperanza.

"Les faltó el agua del odre" (v15), por lo tanto, se encontraban fatigados y vulnerables en medio de tanta sequedad. El v16 nos cuenta que Agar no quiere ver morir a su hijo por la falta de agua y lo coloca bajo un arbusto, y se aleja, esperando la muerte. Podemos ver que es un momento de resignación, de desesperanza; ¡no hay nada más que hacer! Solo se pone a llorar a gritos por la angustia que esto le produce. Abandonados allí en medio de la agonía y en espera de la muerte, ¡ocurre algo inimaginable!

---

[176] "Los relatos de la descendencia de Abrahám pertenecen, según los autores, a distintas tradiciones. La hipótesis documentaria ha propuesto que el libro de Génesis se compone de las tradiciones J (Yavista), E (Elohista s.IX), y P (Sacerdotal, s.V). Génesis 21 se ha asignado, tradicionalmente, al redactor Yavista. Lo que respecta a la datación de las fuentes y a su orden cronológico se registró hacia 1865 una verdadera revolución, cuando la fuente considerada hasta entonces más antigua, llamada escrito básico P, fue reconocida como la última o penúltima. Y los escritos J y E se consideran ahora los más antiguos probablemente en los siglos IX y VIII o bien en VIII y VII". Eissfeldt, 290-292.
[177] Fiesta que se celebra para festejar la vida, "destetaron a Isaac". (Gn 21.8) Vemos la fiesta del destete también en otros textos como 1Sam 1.23, 2 Mc 7.27.
[178] Vemos un paralelo con el capítulo 16:6-7, Agar nuevamente se dirige al desierto, pero esta vez ya no va sola, sino con su hijo. Tablillas encontradas en la ciudad de Nuzi, Mesopotamia, registran una cláusula que prohíbe la expulsión de los hijos de una esposa secundaria o concubina por parte de la primera. Por ello Sara le exige que él sea quien la expulse. Disponible en: http://www.sedin.org/propesp/Nuzu.htm Fecha de Acceso: 01.04.15 - Esto cambia la situación de Agar e Ismael, porque de acuerdo a la ley de Lipit-Istar de origen sumerio, legislado por el rey Lipit- Isthar (1934-1924 a.C.) http://derechonociones.blogspot.com/2012/11/codigo-de-lipit-ishtar-introduccion.html Fecha de acceso: 01.04.15. - Al ser expulsados por Abraham, ella recibe su libertad y su hijo Ismael perdería el derecho de herencia. - Walton y otros, 44
[179] Schokel, 404.

Vemos en este relato tres acciones de Dios a favor de Ismael. La primera, Dios le oye. El término "oír"[180] שָׁמַע se repite dos veces, enfatizando que Dios le ha escuchado, que se ha enterado de lo que sucede y es prueba de ser elegido.[181] Una segunda acción de Dios es cuando "llama קָרָא a Agar desde los cielos". Le habla y le ordena levantarse y levantar a Ismael y tenderle una mano porque su promesa era que ese niño sería un gran pueblo. Ese niño casi muerto de sed, llegará a ser una gran nación. Hay una promesa de Yahvé para él. En el v 19, tenemos la tercera acción de Dios, "abrió פָּקַח los ojos" de Agar, y ella pudo "ver" רָאָה, es decir, pudo "divisar, descubrir."[182] No se crea un nuevo pozo, sino que le abre los ojos para que vea el pozo que allí se encuentra. Un pozo de agua מַיִם que nos remite a las aguas de las profundidades, del origen, del Caos que han sido controladas por Yahvé en Gn 2.[183]

Dios proveyó el agua en medio del desierto. Así Agar llena el odre de agua y "da de beber" שׁקה a Ismael. Agar es instrumento de Dios para dar de beber al Ismael. Sacia la sed con esa agua que da vida cuando la muerte asechaba. El agua se asocia a la vida y a la promesa de Dios. Reafirma la promesa hecha a Agar, allí en el desierto (Gn 16.7-13), prometiéndole una descendencia y aún más una gran nación. El relato cierra indicando que Ismael crece y habita en el desierto, junto al pozo que Dios mismo les ha revelado, haciendo del lugar seco, árido, un espacio para la vida (v20-21), al igual que Gn 2, el cual necesita del trabajo del ser humano para que se desarrolle la vida.

En temas anteriores como: "El agua y la creación" y "El agua como transición para la vida", hemos notado que el motivo literario de agua en movimiento se asocia con la Vida. En este relato el motivo es un elemento de vida, elemento que trae salvación, a nivel material, porque sacia la sed, proveyendo vida a la simiente de un pueblo, de la que nacerá una nación. Nos habla de que Dios escucha, conoce y provee. Él trasformará la realidad del oprimido, del que ya no tiene esperanza. Yahvé habla con el ser humano, escucha el ruego, da vida no importando su raza, recordemos que Agar es una esclava, es extranjera.

---

[180] *Ibid.*, 776.
[181] Este es muy similar a cuando Yahvé escucha la voz de su pueblo Israel esclavos en Egipto (Gn 3.7).
[182] Schokel, 679.
[183] Vemos una diferencia entre el relato del capítulo 21 y el capítulo 16. En el 21 Agar llora e Ismael clama y Yahvé oye y le muestra el pozo de agua. En el cap. 16, sin embargo, ella ya está en el pozo, y es ahí donde el ángel la busca y la encuentra. En ambos casos, el pozo es el lugar de encuentro, y se afirma la elección del hijo de Agar. Pero en el v.21 la respuesta de Dios se da en conjunto con la provisión de agua. Estas diferencias y mucha más nos confirman la combinación de las tradiciones que escribieron estos relatos y como dieron énfasis a una intención religiosa. Los actores de los relatos son los mismos, lo que ha cambiado son sus papeles de relevancia dentro de la historia. Estas similitudes y diferencias, entre otras, nos confirman la combinación de las tradiciones que escribieron estos relatos y como dieron énfasis a una intención religiosa. Los actores de los relatos son los mismos, lo que ha cambiado son sus papeles de relevancia dentro de la historia.

3.2.2 El agua da vida a un pueblo, Éx 17.1-7

El texto de Éxodo 17.1-7, muy similar al relato anterior, presenta la misma problemática en torno al agua. Al igual que Agar, el pueblo de Israel va camino del desierto, con la diferencia que en Gn 21 Agar e Ismael se disponen a morir. En cambio, en Ex 17, el pueblo se querella, murmura contra Dios. Otra diferencia es que Agar era una mujer extranjera: no pertenecía al pueblo de Israel. A pesar de las diferencias, la similitud entre estos dos relatos radica en que en ambos el agua es provista por Dios: abre los ojos de Agar para que vea el pozo; y al pueblo abre una peña de donde brota el agua. Esta provisión del agua da así nacimiento a dos pueblos, ismaelitas (Gn 21) e Israel (Ex 17), los dos con promesas de parte de Yahvé de ser una gran nación. En Ex 17 el agua en movimiento se presenta como agua מַיִם que brota de la roca, agua provista por Yahvé como evidencia de su presencia y provisión.

La tradición en Éxodo 17 nos relata que el pueblo de Israel se está desplazando desde el desierto de Sin hasta el monte Sinaí. De acuerdo al relato, todo ocurre en Refidím, un lugar desconocido, pero cerca del Sinaí (19.2). El texto nos presenta una situación complicada donde el pueblo murmura contra Moisés por la falta de agua y la necesidad de saber si Yahvé está con su pueblo (v7). Habiendo salido de Egipto (Ex 13.18), Israel avanza con un objetivo: la tierra prometida por Yahvé a Abraham (Gn 12.1-2). Pasa por el mar Rojo (14.16-31) e inicia su caminar por el desierto (15.22). Es en este transitar que vemos la carencia de agua, y es en esta situación cuando encuentra las aguas amargas de Mará y el pueblo murmura contra Moisés (15.22-27). Luego, en Ex 16, encontramos nuevamente al pueblo de Israel murmurando porque no hay qué comer. Y en Ex 17 vemos la falta de agua, un problema de sustento, que funciona como motivo literario que indica la falta de confianza en el Dios que le había sacado de Egipto y quien le había abierto el mar Rojo.

Éxodo 17.1-7 nos presenta un relato de estructura concéntrica, donde vemos que la razón primordial de la solicitud de agua del pueblo era ver palpable a Yahvé en medio de la adversidad. Lo analizaremos a continuación:

V1 Ubicación geográfica y presenta el problema (Problema)

    V2 y 3 el reclamo y querella del pueblo a Moisés (El pueblo pide agua)

        V4 Moisés clama a Yahvé (Moisés acude a Yahvé por una prueba de su presencia)

    V5 y 6 Yahvé responde (Yahvé les da agua)

V7 Moisés actúa conforme a la palabra de Yahvé (Solución)

Ilustración 31: Estructura Concéntrica del texto bíblico

En el v 1 vemos como el pueblo de Israel comienza su travesía por el desierto de Sin. Este versículo presenta el problema al que se enfrentan, que es la falta de agua, en medio del calor, la fatiga, la sequedad del terreno, las esperanzas de vida y libertad se ven opacadas por la ausencia de su dios, debido a que enfrentan la muerte.

En el v2 y 3 vemos al pueblo reclamando a Moisés, altercando contra Moisés por sacarle de Egipto donde vivía una vida esclavizado, pero tenía alimento y agua. Pone en duda la presencia de Yahvé, debido a necesidad de agua, debido a lo oscuro del panorama en medio del desierto. Moisés responde al enfrentamiento, cuestionándoles del por qué se querellaban contra él en vez de en contra de Yahvé y les reprende "¿Por qué tentáis a Yahvé?", usando la palabra hebrea נסה que significa "probar, exigir a Dios pruebas."[184] Debido a la situación adversa, necesitaban saber si Dios estaba con ellos. Había duda de la presencia de Yahvé con ellos en medio del desierto. Necesitaban algo concreto, necesitaban evidencia en medio del sequedal, al ver la muerte próxima (v3)

En el v4 vemos como Moisés acude a Yahvé en busca de una respuesta. Busca la presencia de Yahvé junto a su pueblo, en medio de esa situación adversa. Pide a Yahvé una acción, para confirmar al pueblo que quien les había sacado de Egipto no era él, sino Yahvé.

En los v5 y 6 Yahvé responde a Moisés, dándole instrucciones para proveer al pueblo el agua. Le ordena pasar ante todo el pueblo junto a unos ancianos hasta la peña de Horeb.

> …que allí estaré yo ante ti, sobre la peña, en Horeb; golpearás la peña, y saldrá (יָצָא) de ella agua (מַיִם) para que beba el pueblo.» Moisés lo hizo así a la vista de los ancianos de Israel. Éx 17.6

---

[184] Schokel, 498.

El agua brota יָצָא "brotar, manar", las מַיִם "aguas" de la peña, ante la presencia de todo el pueblo. Esas aguas fluyen en el momento de golpear la piedra, de acuerdo a como Dios se lo había ordenado. No solo el agua responde al control de Yahvé, con el fin de dar vida y cuidado, sino que nos confirma la presencia manifiesta de Yahvé: él está allí en medio de su pueblo, en el desierto, dando vida en medio de la muerte.

> Aquel lugar se llamó Massá y Meribá, a causa de la querella de los israelitas, y por haber tentado a Yahveh, diciendo: «¿Está Yahveh entre nosotros o no? (Éx 17.7)

El resultado que nos muestra el v.7 es que, debido a toda esta situación, aquel lugar se llamó Massá (מַסָּה) que significa "tentación"[185] y Meribá (מְרִיבָה) "Discordia, Querella."[186]

Ambos pasajes bíblicos tienen mucha semejanza: en Gn 21 Agar ve brotar el agua de las profundidades, en Ex 17 Moisés la ve brotar de la peña, de las profundidades de la tierra. Y en ambos textos bíblicos Yahvé da provisión de agua para dar vida en medio de la desesperanza, cuando todo se creía perdido. Cuando pensaban que morirían Yahvé proveyó agua para darles vida y formar una nación. Tanto Agar como el pueblo de Israel iban por el desierto en un momento difícil, de carencia y desesperación. Ambos relatos nos muestran la imagen de libertad, de salvación, de cuidado de parte de Yahvé. Agar es despedida por Abraham, e Israel por los egipcios. Por lo tanto, Yahvé responde a su necesidad proveyéndoles agua, haciendo de ellos su pueblo, dándole una promesa de vida. En este caso Israel se mueve camino a la tierra prometida, Canaán, y Agar adquiere allí la promesa de Yahvé estando en el desierto ante la presencia de que serán una gran nación.

El motivo literario de agua en movimiento asume su significado del valor material del agua. Lo que hace el motivo es resaltar la necesidad de agua para beber, para la sobrevivencia física del cuerpo, y así la presencia de Yahvé en medio de su pueblo (v7), confirmando su cuidado, su provisión; alimenta la esperanza de vida (Dt 11.1-32). La imagen de provisión y cuidado de Yahvé por su pueblo está plasmada en diversos textos donde el motivo literario de agua en movimiento nos remite a la presencia de Yahvé junto a ellos en medio del desierto, símbolo de su poder sobre la naturaleza tal cual lo expresa el Sal 105.41; 114.7-8 y 107.35 y como lo expresaba el Salmo 104 que analizamos en el capítulo anterior.

---

[185] Schokel, 865.
[186] *Ibid.*, 459.

> Abrió la roca, y brotaron las aguas, como río corrieron por los sequedales. (Sal 105.41)
>
> ¡Tiembla, tierra, ante la faz del Dueño, ante la faz del Dios de Jacob, aquel que cambia la peña en un estanque, y el pedernal en una fuente! (Sal 114.7-8)

La confianza del pueblo de Israel está plasmada en estos versículos, entendiendo que, aunque caminen en lugares secos, áridos, Yahvé transformará ese desierto en manantial, como bien lo expresa el Salmo 137.35

> Y él cambia el desierto en un estanque, y la árida tierra en manantial. (Sal 107.35)

Como lo reflejan en estos salmos, esta situación se transforma en una conmemoración importante de Israel cada año, en la Fiesta de los Tabernáculos, donde los sacerdotes marchaban en procesión desde el estanque de Siloé al templo y derramaban agua sobre la base del altar.[187] Celebraban la provisión y la presencia de Yahvé con su pueblo en el desierto.

3.2.3 Aguas que fluyen en el sequedal, Is 41.17-19

El último ejemplo del agua en movimiento en el desierto lo encontramos en el centro de los capítulos 40 -55, sección que se data en el exilio en Babilonia (587-539 a. C.).[188] Para realizar el análisis, se toma como base el texto de Isaías 41.17-19, ya que existen otras menciones de la misma imagen como Is 43.19-21, Is 49.10. El texto de estudio refleja el contexto del exilio de los judíos en Babilonia, momento en que la ciudad de Jerusalén y Judá está destruida por el ejército babilónico. Se ubica en una época de muchos cambios sociales, políticos y religiosos.[189]

En lo social, muchos judíos habían sido llevados esclavos a Babilonia, Egipto y los alrededores, especialmente todos quienes realizaban trabajos artesanales, quedando en la ciudad solo el pueblo.[190] En lo político, el rey y la elite habían sido llevados cautivos; por lo tanto, el nuevo imperio pone un nuevo gobernador

---

[187] Keener, 280.
[188] 1ra sección: Capítulos 1-39, relacionada con el profeta Isaías de Jerusalén, quien ejerció su ministerio profético en el S. VIII a. C. Se atribuye el escrito a un primer Isaías.
2da sección: Capítulos 40-55, se presupone que es un ambiente diferente, se cree que se escribió en el exilio en Babilonia durante los años 587 – 539 a. C. se le atribuye el escrito a un segundo Isaías o llamado Deuteroisaías.
3ra Sección: Capítulos 56-66, se dirige a la comunidad judía en Jerusalén, pero a la comunidad post-exílica. Se le atribuye a un tercer Isaías o al Isaías del retorno
[189] 2 Re 24.10-12 RBJ 1976.
[190] 2Re 24.13-14 RBJ 1976.

sobre la cuidad.[191] En lo religioso, el dios de Israel había sido vencido por el dios babilónico. Ello produjo una gran crisis religiosa tanto en los exiliados como en quienes quedaron en Judá. En respuesta a la crisis religiosa, los capítulos 40-55 desarrollan una teología que refuerza la fe en Yahvé, como Dios Creador y Redentor, quien posee un poder superior al de los dioses babilónicos.[192] Esta sección del libro declara que aun en el exilio, Israel seguía siendo pueblo elegido por Dios; que la historia estaba bajo su control, y que pronto verían manifiesta la voluntad de Dios hacia su pueblo. El tema que encierra gran parte del libro, la consolación de Israel (Is 40-48), invita al pueblo a esperar una intervención divina a su favor.[193] Anuncia un nuevo éxodo con la esperanza de que ese hecho inicie una nueva etapa de la manifestación de Dios que inauguraría el inicio del reinado escatológico.[194]

En Is 41.17-18 el profeta asocia el exilio de los judíos en Babilonia con la antigua opresión de los israelitas en Egipto. Por lo tanto, el texto nos pone en un viaje camino a Jerusalén, donde el motivo literario de agua en movimiento se presenta de distintas formas, como: agua מַיִם, arroyos נָהָר, manantiales מַעְיָן, lagunas אֲגַם מַיִם y hontanar de aguas מוֹצָא מַיִם. Es importante tener en cuenta para nuestro estudio que el libro de Isaías posee oráculos en forma de poesía hebrea.[195] En Is 41.17a vemos al profeta en un diálogo con Yahvé, refiriéndose al pueblo judío exiliado que va camino a Jerusalén. Describe su condición:

Los humildes (אֶבְיוֹן) y los pobres (עָנִי) <u>buscan agua (מַיִם)</u>, pero no hay nada.

(Humildes y pobres/ implícito) La lengua se les secó(נשׁת) de sed (צָמָא)

(Is 41.17a).

Cuando el profeta habla de los humildes אֶבְיוֹן y pobres עָנִי y dentro de ese término reúne a los desvalidos, menesterosos, necesitados y desamparados. Con frecuencia se refiere a una clase social baja.[196] Recordemos que se está describiendo a los exiliados judíos que estaban en Babilonia, entre ellos a la elite. Nos permite ver como ese pueblo se sentía al estar lejos de su tierra y, es más, se sentía desamparado por su dios, en este caso Yahvé. Por ello la misión

---

[191] 2Re 24.17 RBJ 1976.
[192] Samuel Pagán, *Comentario Bíblico Latinoamericano*. AT II. Libros Proféticos y Sapienciales. Estella: Verbo Divino, 2007,264.
[193] Pagán, 266.
[194] *Ibid.*, 266.
[195] La poesía hebrea: Esto nos indica que existen en los textos paralelismos, en este caso sinónimos, que significa que una frase va acompañada de una segunda que amplía su significado. - Tomás de la Fuente, *Claves de interpretación Bíblica*. Colombia: Casa Bautista, 2006,139.
[196] Schokel, 27.

de los profetas era fortalecer esa fe que estaba debilitada por lo que se entendía como la derrota de Yahvé en manos de los dioses babilónicos. Entonces estos humilldes eran los judíos exiliados, "buscan agua" מַיִם, pero no hay, no la encuentran. Su lengua estaba seca נשׁת de sed, "reseca."[197] Esto nos indica cuan terrible y desesperante era la condición en que se encontraban. El no tener agua es una imagen que nos describe la condición más profunda del ser humano, donde cree estar seco, o ser como tierra seca al igual que el Sal 63.2.

En la segunda parte de este versículo 17b, vemos la respuesta de Yahvé al profeta:

Yo (אֲנִי), Yahvé, les responderé(עָנָה),

Yo, Dios de Israel, no los desampararé (עָזַב) (Is 41.17b).

Este "Yo" אֲנִי que aquí aparece (v17b) está enfatizando al sujeto de la oración,[198] en este caso Yahvé, quien responde עָנָה en un diálogo con el profeta.[199] Nuevamente acentúa un "Yo" y agrega ahora el título de "Dios de Israel", y da una promesa "no los desampararé עָזַב"[200] en hebreo "rechazar". En este verbo que mira al futuro vemos una promesa que asegura al pueblo el cuidado de Yahvé, sin condición, como en Is 58.11:

Te guiará Yahvé de continuo, hartará en los sequedales tu alma, dará vigor a tus huesos, y serás como huerto regado, o como manantial cuyas aguas nunca faltan (Is 58.11).

En el v18a vemos una respuesta más amplia de Yahvé, detalla la promesa que ha dado al pueblo:

Abriré פָּתַח sobre los calveros שְׁפָיִי arroyos נָהָר

y (Abriré פָּתַח) en medio de las barrancas בִּקְעָה manantiales מַעְיָן.

(Is 41.18a).

La primera parte del versículo nos indica la acción que hará Yahvé, "Abriré פָּתַח" que se refiere a "alumbrar"[201], es decir, "indicará el camino…" en este caso sobre los "calveros שְׁפָיִי",[202] sobre los montes calvos, cumbres peladas, lugares

---

[197] Schokel, 518.
[198] Schokel, 78.
[199] Ibid., 578.
[200] Ibid., 554.
[201] Ibid., 628.
[202] Ibid., 783.

donde no hay vegetación. Allí promete guiarles a arroyos נָהָר, a corrientes de aguas.[203] Luego en la segunda línea, refuerza nuevamente lo dicho con anterioridad, esta vez "abriré" se encuentra implícito, dando énfasis mayor a la misma idea y agrega una nueva descripción de ese lugar, "en medio de las barrancas בִּקְעָה", es decir, de la vaguada o cañadas[204], un lugar profundo del terreno. Allí habrá manantiales מַעְיָן, pozos o cisternas.[205]

La segunda parte del v18b nos destaca una nueva acción de Yahvé:

<u>Convertiré</u> שִׂים <u>el desierto</u> מִדְבָּר en lagunas מַיִם אֲגַם

y la <u>tierra árida</u> אֶרֶץ צִיָּה en hontanar de aguas מוֹצָא מַיִם   (Is 41.18b).

"Convertiré שִׂים, quiere decir que hará de algo diferente, lo cambiará en…[206] Pero este verbo, "presenta una realidad mucho más profunda", es "establecer", "colocar", marca una continuidad; es un cambio que inicia, continua y se mantiene estable, es decir, no volverá a su estado original. El "desierto מִדְבָּר" se concebía como un lugar temible, donde asecha el mal, la desolación y la muerte. De acuerdo a la cosmovisión del Medio Oriente, el desierto se le concibe en un lugar en el que el ser humano estaba en aflicción, en agonía (Is 40. 24). Pero Yahvé convertirá, cambiará el desierto en "lagunas מַיִם אֲגַם", en fosas de aguas de manantiales. En el v18 nuevamente refuerza la imagen del desierto diciendo que es tierra árida אֶרֶץ צִיָּה, pero que aun así será transformada en "hontanar de aguas" מוֹצָא מַיִם, que es el lugar por donde se sale el manantial. Tal como lo representa el Sal 107.35 "Y él cambia el desierto en un estanque, y la árida tierra en manantial".

El v19 nuevamente vemos como en el diálogo con el profeta Yahvé insiste en lo que hará en el desierto. No solo lo transformará en un lugar donde encontrar agua, sino que hará de ese lugar seco, un lugar de vida, un lugar fértil de cultivo.

<u>Pondré</u> נָתַן en el desierto מִדְבָּר <u>cedros, acacias, arrayanes y olivares</u>.

<u>Pondré</u> שִׂים en la estepa עֲרָבָה el <u>enebro, el olmo y el ciprés</u> a una יַחְדָּו
(Is 41.19).

Nuevamente tenemos otro paralelo: en el desierto מִדְבָּר, en la estepa עֲרָבָה lugar seco sin vida. Allí Yahvé pondrá נָתַן cedros, acacias, arrayanes y olivares;

---

[203] *Ibid.*, 482.
[204] Schokel, 131.
[205] *Ibid.*, 444.
[206] *Ibid.*, 760.

tambien enebro, olmo y ciprés. Es decir, "hará un cambio", de lo seco sin vida, ahora habrá abundancia y mucha vegetación. luego recalca con el verbo שׂים para indicar, al igual que en Isaías 41.18, que establecerá un cambio, pero estable, duradero, será un lugar, un espacio de vida, de cultivo, de bendición para los necesitados de Israel. El motivo de agua en movimiento aquí es agua que da vida, que transforma la tierra árida en tierra cultivable. Vemos en estos versículos de Isaías que el motivo literario de agua en movimiento, no solo es agua material que sacia la sed física del ser humano (Is 49.10), sino que es también agua que da vida a la tierra y la transforma en lugar habitable y próspero. También representa la presencia de Yahvé con su pueblo en ese lugar inhóspito, lleno de peligros donde asecha la muerte. Así lo expresa en Is 43.19-21:

> ¡Voy a hacer algo nuevo! Ya está sucediendo, ¿no se dan cuenta? Estoy abriendo un camino en el desierto, y ríos en lugares desolados.
>
> Me honran los animales salvajes, los chacales y los avestruces; yo hago brotar agua en el desierto, ríos en lugares desolados, para dar de beber a mi pueblo escogido, al pueblo que formé para mí mismo, para que proclame mi alabanza
>
> (Is 43.19-21).

Yahvé el Dios del agua, transformará la realidad de muerte en vida, una tierra seca en tierra habitable y fértil. Su presencia a través del agua dará vida a ese pueblo que se cree olvidado y desechado; así experimentará el cuidado y el sustento. La presencia de Yahvé será visible en el proceso de recreación, lo que traerá alabanza y reconocimiento de Yahvé como Redentor, como lo expresan los siguientes versículos:

> Que el desierto y el sequedal se alegren, regocíjese la estepa y la florezca como flor (Is 35.1)
>
> Entonces se despegarán los ojos de los ciegos, y las orejas de los sordos se abrirán. Entonces saltará el cojo como ciervo, y la lengua del mudo lanzará gritos de júbilo. Pues serán alumbradas en el desierto aguas, y torrentes en la estepa, se trocará la tierra abrasada en estanque, y el país árido en manantial de aguas. En la guarida donde moran los chacales verdeará la caña y el papiro (Is 35. 5-7).
>
> No tendrán hambre ni sed, ni les dará el bochorno ni el sol, pues el que tiene piedad de ellos los conducirá, y a manantiales de agua los guiará (Is 49. 10).

La tierra que habitarán será una tierra fértil, con manantiales de agua, lo que permitirá que produzca alimento para cada época. No habrá más necesidad de agua, ni de alimento. Dios proveerá, él será su sustento. Habrá flores, la tierra seca será habitable, porque Yahvé estará presente; vivirá con su pueblo y proveerá agua. La presencia de Yahvé será palpable en medio de su pueblo como lo veremos en el siguiente tema.

3.3 EL AGUA Y LA JUSTICIA

En temas anteriores hemos visto como el motivo literario de "agua en movimiento" está presente en diversas dimensiones. Y esto no es diferente en los libros proféticos, especialmente en Amós e Isaías, ya que usan el motivo de agua en movimiento como una herramienta de enseñanza, de corrección y principalmente para mostrar el poder, cuidado y presencia de Yahvé en medio de su pueblo. A continuación, consideramos los textos de Amós 5.21-24 e Isaías 41.17-19 donde se encuentra el motivo del agua en movimiento con las siguientes imágenes: las aguas del mar מַיִם יָם y el agua de arroyo מַיִם נַחַל. El análisis inicia con una breve introducción sobre el contenido del libro y el contexto en que se desarrolló, con el fin de comprender cómo fue utilizado el motivo literario por los escritores y así explorar su significado.

3.3.1 Qué fluya la justicia como el agua, Am 5.21-24

Para lograr comprender Amós 5.21-24 es necesario comprender el libro de un todo, ya que es una unidad en sí mismo.[207] Se atribuye la autoría del libro de Amos al Profeta de quien adquiere su nombre, Amós. No se conoce mucho de él, solo su lugar de origen que es Tecua, una ciudad pequeña al sur de Jerusalén, es decir, del reino del Sur. Su profesión era ser pastor, y cultivaba sicómoros. Su experiencia de vida le permitía viajar mucho, por lo que se supondría que el profeta conocía muy bien la situación social, política y religiosa de Israel.[208] Amós fue quién anunció el juicio de Yahvé, indicando que la paciencia de Yahvé se había terminado (8:2). Condena a Israel por los crímenes contra los débiles e indefensos (3.10; 4.1; 5.11).[209]

El contexto en que se ubica Amós 5.21-24 es la denuncia sobre las violencias sociales, en particular el abuso de poder en contra de los pobres, endeudados y el

---

[207] Milton Schwantes. *Amos. Meditaciones y Estudios*. Brasil: Sinobal, 1987, 83.
[208] L. Alonso Schokel y J. L. Sicre D. *Comentario Nueva Biblia Española. Profetas*. Madrid: Cristiandad, 1980, 952.
[209] Santiago Rostom Maderna, *Comentario Bíblico Latinoamericano*. AT II. Libros Proféticos y Sapienciales. Estella: Verbo Divino, 2007, 502.

pueblo indefenso, delito que se cubría bajo el carácter de "legal".[210] Para Amós Israel es el pueblo elegido de Yahvé, pero esa elección divina exigía algunas cosas en las cuales el pueblo estaba fallando, como: la mala distribución de las riquezas, la que llevaba a lucro a partir de la explotación y opresión de los pobres. No se criticaba la diferencia social, sino lo que reclama Amós es el enriquecimiento como fruto de la opresión. Otro tema que toca el libro de Amós es el abuso en la administración de la justicia. Por ello Amós enfatizaba en su mensaje la falta de justicia y un culto falso incoherente con su conducta.[211]

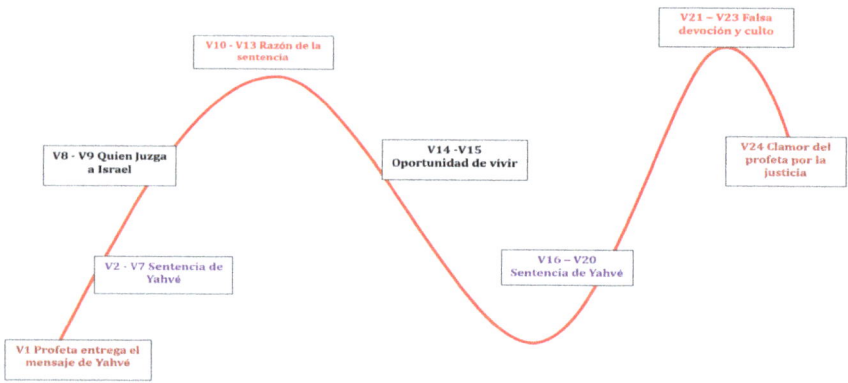

Ilustración 32: Estructura oscilante de Amos 5

El capítulo 5 de Amos presenta una estructura ascendente, en movimiento oscilante. El profeta inicia con el anuncio de que su mensaje no es propio, sino de Yahvé (v1), llamando la atención de quienes le rodean. Inicia el himno de elegía (v2-v7), un canto fúnebre, el cual narra cada vez más profunda y detalladamente las razones de la sentencia de Yahvé (v10-13). Luego desciende, dando una oportunidad para que Israel decida, tome una postura, (v14-v15), ascendiendo nuevamente y recalcando la sentencia(v16-20) como clímax, donde denota la falsa devoción (v21-v23) del pueblo, para finalizar con un clamor, un llamado a la justicia(v24).

El v.1 es un llamado a "Escuchad" שמע, a atender, a hacer caso del mensaje; es un imperativo absoluto. Pero, ¿quién dice esto? Como el mismo versículo lo dice: "palabra que "yo" אָנֹכִי entono נָשָׂא …" Comprendemos que el profeta es quien anuncia este mensaje, por ello se escribe en primera persona. Sin embargo, el mensaje no es propio, sino que él era comisionado a dar el mensaje a Israel, porque era palabra de Yahvé (v8), el Dios de Israel. En los v2-7 anuncia

---
[210] *Ibid.,* 501.
[211] *Ibid.,* 502.

una sentencia, como una "Elegía", es decir, un lamento fúnebre, lamento de muerte por la desgracia que se aproxima. Es el juicio de Dios que traerá como consecuencia porque la nación, ahora aparentemente fructífera y hermosa, se convertirá en desierto, desolado y triste (1.4,7,10,12,14; 2.2,5; 4.11; 5.6; 7.4). El v4 se dirige a la "Casa de Israel", la elite, los dirigentes, el Estado monárquico. Por lo tanto, no es a todos sino a quienes se consideraban culpables de injusticia, los merecedores del juicio de Dios. Aunque no debemos dejar de notar que todos y todas experimentaron las consecuencias del castigo (v16-17). Lo vemos escrito en muchos otros versículos dentro del libro (5.1,4; 6.1-6; 7.10; 9.9).

Amos era un mensajero de Yahvé, y ¿quién es Yahvé para Amós? Es el creador עשׂה del cosmos, quien tiene poder sobre el tiempo, sobre la noche y el día, como bien lo describe el v8:

> El hace עשׂה las Pléyades y Orión, trueca הָפַךְ en mañana las sombras, y hace oscurecer el día en noche. Él llama קָרָא a las aguas del mar יָם, y sobre la faz de la tierra las derrama שָׁפַךְ, Yahvé es su nombre... (Am 5. 8).

Cada una de estas funciones de Yahvé, Creador, controlador del tiempo y del agua, dueño de la ruina y destrucción, se desencadenan tanto para conservar y preservar la vida como para castigar y destruir. Por lo tanto, vemos como el agua asume varias funciones: como agua material, agua que da sustento, agua que da vida y el agua como herramienta de destrucción y castigo. Esto nos muestra que el motivo literario de agua en movimiento toma una función que trasciende de lo material; nos refleja la presencia de Yahvé en medio y a favor de su creación.

La cosmovisión de Amós concebía a Yahvé como el dios del agua, el dios que controla el mar y la lluvia. Vemos nuevamente en 9. 5-6:

> ¡El Señor Yahvé Sebaot צָבָא..! el que toca נָגַע la tierra y ella se derrite, y hacen duelo todos sus habitantes; sube toda entera como el Nilo, y baja como el Nilo de Egipto.

> El que edifica בָּנָה en los cielos sus altas moradas, y asienta אֲגֻדָּה su bóveda en la tierra; el que llama קָרָא a las aguas מַיִם de la mar יָם, y sobre la faz de la tierra las derrama שָׁפַךְ, ¡Yahveh es su nombre! (Am 9. 5-6)

La diferencia está en el v5, que agrega algo más a la descripción de Yahvé: se concibe no solo como Creador y sustentador sino como Señor de los ejércitos (Sebaot) צָבָא.[212]

---

[212] Título divino, como el señor de todas las huestes estelares. – Schokel, 630.

Él "toca" נָגַע o "roza²¹³" la tierra y ella, a su roce, se derrite, se desmorona. De acuerdo a su contexto, Amos intenta infundir miedo a sus habitantes y compara la destrucción con la crecida del río del Nilo (v5), como lo vimos en el capítulo I. Muestra a Yahvé como quien ejecuta esta sentencia, enfatizando en la devastación que sobrevendrá a Israel (v9). En el v6 vemos nuevamente a Yahvé como el que edifica בָּנָה en los cielos su morada (Ez 1. 26-28), y llama קָרָא a las aguas del mar, derramando שָׁפַךְ las aguas sobre la tierra, ya sea en lluvia o por lo valles.

Amós 5:12 expresa el motivo por el cual el juicio de Dios se vierte en contra de los gobernantes y toda persona que poseía poder en Israel.

> Porque conozco יָדַע que son muchas vuestras rebeldías פֶּשַׁע y graves vuestros pecados, opresores צרר del justo צַדִּיק, que aceptáis soborno כֹּפֶר y atropelláis נָטָה a los pobres אֶבְיוֹן en la Puerta שַׁעַר(Am 5. 12).

Amos expresa que Yahvé conoce יָדַע las rebeldías de ellos. Contrario a lo que vimos antes, Amós detalla las funciones negativas de estas autoridades: "presión" צרר²¹⁴, "soborno" כֹּפֶר²¹⁵, "atropello, desvío" נָטָה²¹⁶ en contra de los derechos de los pobres אֶבְיוֹן, quienes ante Yahvé son considerados justos e inocentes צַדִּיק.²¹⁷ Las malas obras las hacen en un lugar, "la puerta" שַׁעַר refiriéndose a los juicios realizados allí, en la Puerta de la ciudad, considerada la plaza de la ciudad.²¹⁸

En la Puerta se acostumbraba a realizar los tribunales por medio del consejo de ancianos, quienes velaban para hacer justicia, pero Yahvé les acusa de haber violado el derecho de los inocentes (v 9-10). Por lo tanto, se encuentran a las autoridades culpables de haber fallado a su pueblo y a Yahvé. En lo religioso no era diferente; también Amós de parte de Yahvé da las razones del porque su juicio sobre los gobernantes de Israel.

> Yo detesto שָׂנֵא, desprecio מָאַס vuestras fiestas, no me gusta רוח el olor de vuestras reuniones solemnes. Si me ofrecéis holocaustos... no me complazco רָצָה en vuestras oblaciones, ni miro נבט a vuestros sacrificios de comunión de novillos cebados. ¡Aparta סור de mi lado la multitud de tus canciones, no quiero oír שָׁמַע la salmodia de tus arpas! (Am 5. 21-23)

---

²¹³ *Ibid.*, 477.
²¹⁴ *Ibid.*, 645.
²¹⁵ *Ibid.*, 370.
²¹⁶ *Ibid.*, 492.
²¹⁷ *Ibid.*, 631.
²¹⁸ *Ibid.*, 782.

En esta profecía Yahvé menciona su descontento con las autoridades y sobre quienes realizaban un culto inconsecuente. Es tal que lo rechaza, describiéndolo a través de varios verbos: detestar שָׂנֵא, despreciar מָאַס, no me gusta רוח (refiriéndose al aroma de las oblaciones)[219], no me complazco רָצָה (refiriéndose a las ofrendas),[220] no miro נבט es no atender, no poner los ojos (es decir, sus sacrificios de animales),[221] aparta סור de mí, (es quitar, como alejar algo no quiero oír שָׁמַע, (de aceptar, refiriéndose a los cantos).[222] De esta forma Amos presenta el rechazo de Yahvé al culto realizado en Israel, rechazo que basa en la conducta de Israel en contra de los pobres y débiles, sus propios hermanos, su propio pueblo.

Y es aquí, en el v24, donde la exclamación en forma de petición, es un ruego a Yahvé:

¡Que fluya גלל, sí, el juicio מִשְׁפָּט como agua מַיִם y la justicia צְדָקָה como arroyo נַחַל perenne אֵיתָן! (Am 5. 24)

El juicio מִשְׁפָּט derecho,[223] la rectitud, una imagen de vida. Que fluya, nos indica agua encausada, que avance; que la muerte sea vencida y renazca vida. Compara esta imagen de agua מַיִם y hace memoria a la acción del Nilo en Am.9:5: crecía y avanzaba cubriendo el terreno seco, para luego recogerse y producir hierba verde, será como una inundación de justicia. Esto si implica un castigo para quienes han abusado de su propio pueblo, esto nos muestra un Dios airado (Is 30. 27-28), un Dios que pelea contra el injusto, opresor y lo destruirá. Permitirá así la vida y preparará el camino para la justicia צְדָקָה a la ética a la conducta de rectitud,[224] la que proporciona paz y tranquilidad a los marginados, correrá y fluirá la justicia como arroyo נַחַל [225] eterno, inagotable.

En dos ocasiones en este capítulo de Amos es mencionada el agua, la primera en la sección donde se escribe como Yahvé tiene el control de la naturaleza (5.8) y la segunda vez, cuando Amos clama a Yahvé para que la justicia fluya como el agua en el v25, anhelando una vida comunitaria, relaciones humanas benéficas y permanentes.

La imagen de agua en movimiento como agua מַיִם y arroyo נַחַל que fluye גלל es un lenguaje figurado, refiriéndose al estar bien con Yahvé, y hacer lo correcto.

---

[219] Schokel, 692.
[220] *Ibid.*, 717.
[221] *Ibid.*, 473.
[222] *Ibid.*, 776.
[223] *Ibid.*, 467.
[224] Schokel, 632.
[225] *Ibid.*, 487.

Por lo tanto, si no hay rectitud, no hay aguas que fluyen sino sequedad y muerte. Así que Amós al usar la justicia como imagen de agua que fluye nos explica que anhela el momento en que Yahvé dará fertilidad a su pueblo que está seco, sin vida, lejos de la rectitud. Lo que el pasaje de Amós nos describe son las relaciones humanas, un pueblo que ama la injusticia y que se ha alejado de un culto real y verdadero a través de sus actos.[226]

De manera similar, en Is 32. 2 el motivo del agua en movimiento es empleado para representar la justicia de Dios por medio de un rey y jueces que gobernarán con rectitud, serán "como corrientes de aguas" כְּפַלְגֵי־מָיִם, serán un flujo continuo, en medio de un sequedal.

> He aquí que para hacer justicia reinará un rey, y los jefes juzgarán según derecho. Será cada uno como un sitio abrigado contra el viento y a cubierto del temporal; como fluir de aguas כְּפַלְגֵי־מָיִם en sequedal, [227] como sombra de peñón en tierra agostada (Is 32.1-2).

Esto nos indica que la justicia, a través de los gobernantes, será como el fluir de las aguas, constante. El lugar donde se realice la justicia será un sitio abrigado, de reposo y refrigerio y habrá protección a favor del pobre, inocente y desvalido. Tanto el libro de Amós como Isaías 32 nos muestran que el motivo literario de agua en movimiento fue utilizado para hablar del actuar de Dios a favor de su pueblo, actuar que será visible en las acciones de las autoridades de Israel.

La imagen del desierto material y metafórico se ve transformada por el agua que fluye y da vida. El agua en movimiento toma un papel trascendente como imagen de vida a través de la justicia. Se compara al pueblo como un lugar seco, sin frutos de justicia. Solo una acción de justicia reflejaría la presencia de Yahvé en medio de la comunidad. Solo así se haría visible en medio de un Israel corrupto. La justicia fluiría como agua, transformando lo negativo (seco) en algo positivo (fertilidad), un nuevo pueblo.

3.4 EL AGUA QUE DA SANIDAD A OTRAS AGUAS

El motivo literario de agua en movimiento también está presente en el libro de Ezequiel. Analizaré aquí el capítulo 47.1-12, donde encontraremos el agua que

---

[226] Pedro Jaramillo R., *La Injusticia y la opresión en el lenguaje figurado de los profetas*. España: Verbo Divino, 1992, 224.
[227] En hebreo כְּפַלְגֵי־מָיִם significa: "como corrientes de aguas", es una comparación.

fluye del altar de Dios en el templo y produce sanidad a las aguas donde desemboca.

Hasta ahora hemos visto como el motivo de agua en movimiento ha sido vital en la creación del cosmos, la humanidad, el pueblo de Israel (y los ismaelitas) y la provisión de Yahvé para su pueblo, y específicamente en el desarrollo de la historia de Israel y en la cosmovisión del Escrito Bíblico. El agua en movimiento es provista y usada por Yahvé para dar vida y ahora la vemos presente en el templo donde reside Yahvé, donde vemos que su flujo se extiende para dar vida a todas las naciones, esto quiere decir, que no se limita solo al pueblo de Israel sino se extiende a todas las naciones. Una breve introducción del libro de Ezequiel nos ubica en el contexto en el que se desarrolla el texto de estudio, para luego continuar con el análisis de 47.1-12.

3.4.1 El libro de Ezequiel

La situación histórica del libro nos coloca en el exilio de Judá, en Babilonia, aproximadamente en el año 597 a. C. Tal cual lo vimos en el capítulo II en el tema Yahvé el dios del Agua.[228] Para Turro, el libro de Ezequiel tiene una notable combinación del sacerdote y el profeta en su estilo. Como profeta, es un testigo poderoso de las acciones y de la palabra de Dios, como sacerdote y teólogo, es capaz de organizar de nuevo a la comunidad en una vida y culto a Yahvé aun en el exilio.[229]

Las reflexiones teológicas de Ezequiel dieron paso a una nueva teología, la que buscaba contestar las inquietudes del presente en medio de tanta tristeza. Sirvió

---

[228] Una parte de Judá fue arrancada de su tierra y vivió bajo el yugo de Babilonia y otros de Egipto. Debieron soportar la derrota de Judá y la destrucción del templo, lo que era interpretado por muchos como la derrota de Yahvé como su dios protector. Esto se interpretó como la victoria del dios de los babilonios, Marduk. Esta situación se refleja en textos que reclaman el abandono de Yahvé y la adhesión a los dioses babilónicos por muchos de los exiliados, hasta llegar a perder su culto y práctica religiosa (Sal 106.35-36). - "versão bíblica do exílio seria Inexacta ao afirmar o despovoamento completo de Judá más seria verdadeira ao dizer que o centro de gravidade de Israel se tinha deslocado para a Babilónia. Jr. 52,28-30 regista três deportações, indica as suas datas, dá o número dos deportados em cada uma delas e o seu total. Nabucodonosor, no sétimo ano do seu reinado, deportou três mil e vinte e três Judeus (v. 28) e no décimo oitavo ano, oitocentos e trinta e dois Hierosolimitanos (v. 29). No ano vinte e três de Nabucodonosor, Nebuzaradan, chefe da guarda, deportou setecentos e quarenta e cinco Judeus (v. 30a). O total de pessoas deportadas foi de quatro mil e seiscentas (v. 30b). (Aunque existe diferencia entre 2 Re 25:11-12 nos explica que son como 10.000 las personas exiliadas; en cambio Jr. 52:28-30 Nos habla de 4.600). - Francolino Goncalves, "El destierro, consideraciones históricas". Revista Bíblica. 1977. 173.
[229] Para muchos biblistas el libro de Ezequiel no es una unidad, sino que es una composición de varias épocas, por lo tanto, de varias personas. De autoría de Ezequiel solo se atribuyen parte del libro, unos 261 versículos, aunque de ese tema existen muchas opiniones. - James Turro, *Ezequiel*. Bilbao: Sal Terrae,1969,10-13.

de vínculo entre los profetas antes del exilio y el judaísmo,[230] presentando a un Dios trascendente.

El libro de Ezequiel se divide en 5 partes, a) 1-3.38 con visiones introductorias; b) 4-24.27 Profecías contra Judá y Jerusalén; c) 25- 32.32 Profecías contra las naciones extranjeras; d) 33- 39.29 La restauración de Israel; y e) 40-48.35 El Nuevo Israel. En el capítulo 40 inicia la quinta parte, donde se encuentran visiones referentes al nuevo Israel, describe la reconstrucción religiosa y civil de Israel.[231]

3.4.2 Contexto Literario de Ezequiel 47.1-12

En los capítulos 40-43 del libro observamos la reconstrucción del templo y retorno de Yahvé (40-42), culto y servicio en el templo (43-46) y repartición de la tierra (47-48).[232] En esta visión vemos al profeta guiado por un hombre, quien le lleva a través del templo, finalizando en el 47.13-48 con una descripción de los límites de la tierra de Israel. Los versículos 1-12 del capítulo 47 serán los que analizaremos a continuación. Estos versículos son una transición entre la sección sobre el templo y la repartición de la tierra.

Dentro del libro el agua en movimiento no adquiere tanta relevancia como lo hace dentro de este capítulo (47) especialmente en estos primeros doce versículos (1-12). Aquí el agua adquiere un papel protagonista en la descripción del templo, desde donde brota el agua y fluye hacia fuera. De ella dependerá la vida de toda la tierra y sus habitantes. Los tres términos que encontramos para designar al agua son: agua מַיִם en sentido general son 14 veces, como torrente נַחַל 7 veces y mar יָם 3 veces.

3.4.3 Análisis del texto

El texto se puede dividir en secciones que permiten comprender mejor el análisis que a continuación detallamos. La división tiene como indicador las acciones del profeta Ezequiel en la visión.

v1-2, el agua sale del templo en dirección al este

v3-6, crecimiento del torrente de agua

---

[230] *Ibid.,* 14.
[231] *Ibid.,* 113.
[232] Schokel y Sicre, 832.

v7-12, el agua que da vida, sección que se subdivide en 3: a) el torrente produce árboles en las dos riberas del río (v7), b) el torrente sana las otras aguas (v8-9) y c) el torrente proveerá frutos y medicina.

3.4.3.1 En la Primera parte (v1-2): el agua sale del templo en dirección al este
El v1, vemos la acción del profeta, éste vuelve שׁוּב a la Casa, es decir al templo בַּיִת en visión, se detiene y observa. Nos describe detalladamente lo que ve.

> Me llevó שׁוּב a la entrada de la Casa (templo בַּיִת), y he aquí que debajo del umbral de la Casa salía יָצָא agua מַיִם, en dirección al este- קָדִים, porque la fachada de la Casa miraba hacia el este- קָדִים. El agua מַיִם bajaba יָרַד de debajo del lado derecho de la Casa, al sur del altar (Ez 47.1)

El profeta observa que por debajo del umbral del Templo que salía agua y esta agua salía en dirección del este. El verbo que aquí se traduce "salir" יָצָא significa nacimiento, en este caso desde el templo. El agua brota del altar y se mueve en una dirección, el este. Esta visión no era extraña en el Antiguo y Cercano Oriente. Los templos en Mesopotamia, Egipto y en el mito ugarítico de Baal se consideraban fundados sobre la fuente de las aguas, las aguas primordiales del Génesis 1-2. Algunas veces el agua fluía del edificio (templo), lo que simbolizaba la fuente de la vida.[233]

Los v1-3 resaltan que el agua que salía del templo bajaba יָרַד en dirección al Este, indicación que se repite 4 veces. Para algunos biblistas esto se refiere a que el Este קָדִים es un lugar seco, árido. Hablar del Este es de mucha relevancia dentro del texto, por ello la repetición (v1, 2 y 3). También se cree que se escribe pensando en un emplazamiento oriental del futuro paraíso.[234] El termino bajar יָרַד aquí significa "manar"[235] refiriéndose a que no dejaba de fluir. Inicia como un pequeño pero continuo flujo de agua מְפַכִּים,[236] el cual avanza al Este (v2).

3.4.3.2 En la segunda parte los v3-6: Crecimiento del torrente de agua
El profeta no solo observa lo que está sucediendo, sino que se involucra activamente en la visión. Tenemos un movimiento de uno de los personajes (angél), que se repite 4 veces "midió מָדַד mil codos", enfatizando que la medida

---
[233] Walton y otros, 826.
[234] Schokel y Sicre, 851.
[235] Schokel, 335.
[236] Koehler, Ludwig y Walter Baumgartner, "hkp". *The Hebrew and Aramaic Lexicon of the Old Testament. Vol II*, Leiden: Brill, 2001,926.

del río o torrente va cambiando. Pasa de un pequeño torrente a ser un flujo que llegaba a los tobillos, flujo que va en aumento. En los v1 al 6 el agua adquiere gran relevancia y se nombra 10 veces el término "aguas" מַיִם refiriéndose al "torrente" al flujo נַחַל que brotaba del templo.

El escritor del texto, al mencionar 4 veces el término "atravesar" עָבַר, nos indica el énfasis en la extensión del agua. Cuando el hombre que guiaba al profeta le ordena cruzar o atravesar el río, junto a la medida de "mil codos", destaca el aumento del agua. El torrente ahora había crecido llegando a las rodillas (v4), luego se transforma en un río נַחַל,[237] el cual no podía atravesar עָבַר ni a nado.

Desde que sale del templo el torrente crece tanto hasta convertirse en un río. Para algunos biblistas este pasaje bíblico nos remite a Génesis 2.10-14, y es un contraste con los 4 ríos del paraíso. Este río de Dios es solo uno, superando también el río Jordán, en tamaño, significado y alcance, como lo veremos en los siguientes versículos.[238]

3.4.3.3 En la tercera parte v7-12: El agua que da vida
3.4.3.3.1 EL torrente produce árboles (v7):
Los v7 al 12 dan énfasis en lo que produce el pasar del agua, que vemos en las acciones del profeta: escucha (me dijo אָמַר), mira (has visto רָאָה), camina hacia el torrente (me hizo ir הָלַךְ, me hizo volver שׁוּב) y observa (al volver vi שׁוּב) (v7).

El hombre que guía al profeta le conduce a la orilla del río, y al volver שׁוּב [239] por segunda vez al torrente, ve en la ribera una gran cantidad de árboles por ambos lados del río. Insiste si ha visto, porque el fin es mostrarle que esta agua que fluye es agua de vida, agua que es capaz de sanar la tierra y el agua, dando vida para que se produzcan los árboles.[240]

3.4.3.3.2 El torrente sana las otras aguas (v8-9):
En esta sección los términos claves son verbos que muestran la acción del agua: sale, baja, desemboca, sanea, penetra y da vida. El torrente de agua a su paso tiene el poder de dar vida, y más aún al penetrar al agua hedionda transformarla, sanarla, purificarla y producir en ella vida (v8-9).

---

[237] Schokel, 487.
[238] Schokel y Sicre, 851.
[239] Schokel, 487.
[240] Árboles alrededor del río. Tema que se mencionará en el siguiente capítulo ya que este versículo es tomado en Apocalipsis 22.

> Me dijo «Esta agua מַיִם sale hacia la región oriental, baja a la Arabá, desemboca בוא en el mar יָם, en el agua יָם hedionda, y el agua מַיִם queda saneada רָפָא. Por dondequiera que pase el torrente נַחַל, todo ser viviente que en él se mueva vivirá. Los peces serán muy abundantes, porque allí donde penetranבוא esta agua מַיִם lo sanea רָפָא todo, y la vida prospera en todas partes adonde llega el torrente נַחַל (Ez 47.8-9)

En el v8-9 el hombre nuevamente le habla al profeta y le explica que el agua desembocará בוא en el mar, es decir "entrar,"[241] esta agua en movimiento que viene del templo, este torrente entra en el agua hedionda, la sana y transformándola en un lugar de vida para los animales. Algunos biblistas creen que se refiere al mar muerto y que sea sanada es una transformación milagrosa.[242]

El efecto que el agua produce, es de tal forma que produce vida, es un agua que viene de Dios capaz de transformar las aguas hediondas, aguas de muerte en aguas donde habite la vida, como lo expresan los v10-12.

3.4.3.3.3 *El torrente proveerá frutos y medicina (v10-12):*

En esta sección se alimenta la esperanza del pueblo en cautiverio, la esperanza de un futuro mejor, un lugar donde la presencia de Dios a través del agua sanará su tierra, sus ríos, los que producirán vida, y habrá sustento.

> A sus orillas vendrán los pescadores; desde Engadí hasta Eneglayim se tenderán redes. Los peces serán de la misma especie que los peces del mar יָם Grande, y muy numerosos. Pero sus marismas בִּצָּה y sus lagunas גֶּבֶא no serán saneadas, serán abandonadas a la sal. A orillas del torrente נַחַל, a una y otra margen, crecerán toda clase de árboles frutales cuyo follaje no se marchitará y cuyos frutos no se agotarán: producirán todos los meses frutos nuevos, porque esta agua מַיִם viene del santuario. Sus frutos servirán de alimento, y sus hojas de medicina (Ez 47.10-12).

Pero el versículo 11 nos indica una excepción al versículo 9. Dice que sus ciénagas בִּצָּה y sus pantanos גֶּבֶא no serán sanadas. ¿Por qué quedarán lugares que no serán saneados? Creo que el agua que no corre no puede ser saneada, alude a agua estancada. Para algunos biblistas este versículo tiene que ver con la mentalidad sacerdotal, refiriéndose a que nunca faltará al pueblo de Dios sal, ya que la sal era parte importante en los cultos,[243] especialmente en los sacrificios,

---

[241] Schokel, 103
[242] Walton y otros, 826.
[243] Horacio Simian Yofre, *Comentario de Ezequiel*. Navarra: verbo Divino, 2007,468.

de acuerdo a Ex 30.35; Lv 2.13, ya que es elemento de la alianza según Nm 18.19.[244]

El v12, a orillas del torrente crecerán los árboles, y serán árboles frutales cuyo follaje será eterno y sus frutos no se agotarán. Este último versículo nos indica que es una visión que provoca esperanza en un futuro mejor, que indica que la vida está en las manos de Dios. Visión que es similar a la de Juan en Apocalipsis 22.1-5 de la Nueva Jerusalén o Paraíso de Dios. Después de todo lo sucedido, todo lo negativo que ha vivido como pueblo de Yahvé, pronto habrá un mundo donde Dios dispondrá y hará. Donde asegurará el provenir de su pueblo, el alimento y medicina. Donde la presencia de Yahvé será real, y correrá como agua su justicia. Su presencia estará en las personas y su rectitud será como agua que lo inunde todo, será todo nuevo, todo renovado, una Nueva tierra, por lo tanto, una nueva humanidad (Ap 22.3-5).

Desde el inicio del relato podemos ver que para Ezequiel el agua simboliza la vida que proviene de la presencia de Dios, por eso sale de su casa (templo), el lugar de Dios, y enfatiza el lugar preciso de donde brota, el altar, es decir del mismo Dios, esto indica que no es cualquier agua, es agua de Dios, agua de vida (Sal 65.10; 104).

El motivo literario de agua en movimiento representa el actuar y la presencia de Yahvé. Provee fertilidad y bendición; y lo más relevante de este texto es que ese actuar de Dios no se limitará solo a Israel sino más allá de sus límites, alcanzará toda la tierra. Es una visión futura de cómo se verá el gobierno de Yahvé, su presencia será como el agua, como un torrente continuo, perenne como dice Amós 5. 8

> ¡Que fluya, sí, el juicio como agua y la justicia como arroyo perenne! (Am 5.8)

El gobierno de Yahvé será justo, y su presencia será real para todos los habitantes de la tierra y será eterno. Podemos decir que el agua del templo es la presencia y actuar de Yahvé, entonces el agua hedionda y todo tipo de agua donde entrará el agua de vida, es el mal actuar, es la vida de injusticias o las amarguras. Por ello este capítulo nos muestra como la presencia de Yahvé en las personas se verá reflejada en su actuar; serán agua de vida, de sanidad, de prosperidad.

---

[244] Schokel y Sicre, 851.

De acuerdo al contexto de este texto, podemos sugerir que señala que la presencia de Dios abarcará todos los rincones de la tierra y avanzará transformando todo a su paso. No solo Israel será lleno de la Gloria de Dios, sino más allá de sus límites. El texto quiere mostrarnos a Yahvé como ese Rey que gobernará y dará vida y provisión al mundo, donde no habrá sufrimiento.

La imagen del Agua en Ezequiel 47 nos remite al texto de Zacarías 14.8-9, donde nos enseña que el agua es la presencia de Yahvé en medio de su pueblo y en toda la tierra, la que será perenne, permanente en invierno como en verano, eterna.

> Sucederá aquel día que saldrán יָצָא de Jerusalén aguas מַיִם vivas חַי, mitad hacia el mar יָם oriental קַדְמֹנִי, mitad hacia el mar יָם occidental אַחֲרוֹן: las habrá tanto en verano como en invierno. Y será Yahvé rey sobre toda la tierra: ¡el día aquel será único Yahvé y único su nombre! (Zac 14.8-9)

Joel 4.18 nos refleja también un atisbo de esa esperanza, donde reconoce que ese tiempo llegará y todo será bendición, por el agua que saldrá del Nuevo templo y que a su paso todo lo transformará en vida.

> Sucederá en aquel tiempo, que los montes destilarán mosto, y los collados fluirán leche, y por todos los arroyos de Judá correrán aguas; y saldrá una fuente de la casa de Jehová, y regará el valle de Sitim.

El agua en movimiento nos refiere a la presencia de Yahvé, y esta agua presenta dos significados: el agua material para renuevo y sanidad de las otras aguas. Su significado trascendente es de esperanza en la espera de ver el pronto actuar de Yahvé en un gobierno justo y benefactor, donde será un Dios que apagará la sed de bienestar y justicia de la creación y su pueblo. Tal cual lo ha expresado el escritor en Ezequiel, el agua ha sido usada en estos relatos como un elemento substancial que simboliza su presencia, su actuar. El agua aquí cumple la función de mediadora, de purificadora, de sanadora, dadora de vida y de bendición en las manos de Yahvé.

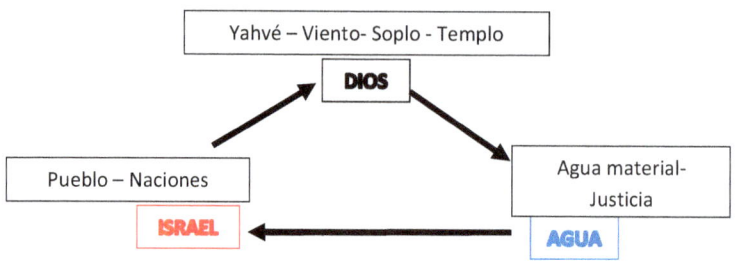

Ilustración 33: Triada

Nuevamente se repiten una y otra vez dentro de cada relato bíblico, esta triada: Dios, el pueblo de Israel y el agua. Esta vez notamos imágenes distintas, pero refiriéndose a la misma triada anterior. Este capítulo III de la tesis nos presenta una metáfora donde Yahvé es considerando el manantial de vida, comparación que hace con unas de las características del agua material. El agua produce vida, por lo tanto, simboliza la presencia de Yahvé en medio de su pueblo, el cual tendrá vida y justicia si Yahvé es su Dios. Existe una notoria diferencia entre estos elementos, la función de cada uno, pero también es enfatizada su dependencia entre sí dentro de los relatos.

Dios se hace presente como el proveedor del agua en medio del desierto y en distintas imágenes como templo y profeta. Está también presente su pueblo, quien se ve beneficiado por el agua, y por la presencia de Yahvé en medio de ellos. Esto nos lleva al tercer elemento de la triada que es el agua. Se presenta en imágenes de agua material en la roca, en el sequedal, pero también como metáfora, hablando de la justicia y como vida o presencia de Dios en medio de toda la humanidad hablando de todas las naciones. A continuación, veremos en el capítulo IV la misma tríada en el Evangelio de Juan, donde hay cambios en algunas de sus imágenes representativas; algunas incluso se fusionan.

CAPITULO IV

4. EL AGUA Y LA NUEVA VIDA

¡Sed como el Agua!
Eso quiere decir, naced y corred, no os detengáis un instante,
La vida es un eterno viaje hacia los campos del futuro.
Corred eternamente y llevad en el alma la paz y en los labios las sonrisas.
¡Sed como el Agua!
Es decir, sed puros, transparentes, diáfanos como el agua,
Que vuestros ojos sean balcones de vuestra alma,
Pero que no tengan cortinas.
¡Sed como el Agua!
Tened frescor para todos, dulzura,
sed ánforas donde sus secos labios refresquen al caminante.
No os importe que escupa vuestra frente,
dadle en cambio besos de frescura...
¡Sed como el Agua!
Apacibles, serenos,
como las aguas de la laguna,
sed tranquilos,
silenciosamente grandes,
pero si el viento clava en vuestra alma
la saña de sus garras
Alzad vuestra protesta.
¡Sed como el agua!
Artistas, músicos eternos, arpas de infinitas melodías;
Mensajeros de amor, mensajeros de paz.
Id, cantando, cantando, rumiando carcajadas y sollozos,
Besos y suspiros
¡Sed como el Agua!
He ahí el símbolo eterno de la Vida.[245]

Una invitación constante es a lo que nos llama este poema, ¡sed como el agua! Nos describe muchas de sus características, nos invita a ser frescor, dulces melodías, mensajeros de amor y vida para los demás. Estos párrafos encierran un llamado similar al que hace Juan en su Evangelio, tema que analizaremos en este capítulo de la tesis.

Continuaremos con el análisis del motivo literario de Agua en movimiento, pero esta vez en el Nuevo Testamento, específicamente en el Evangelio de Juan, debido a que en este evangelio se usa el agua como símbolo, como herramienta

---

[245] Luis Dobles Segreda, *Reflexiones y Discursos*. Tomo I. San José: EUNED, 1996, 11-12. - Dibujo inédito propiedad de Texia Anabalón N.

pedagógica y teológica. Está presente más veces que en los otros evangelios y el énfasis que le da el escritor va en incremento hasta llegar a un clímax.

Aquí alcanzamos también el clímax de nuestra investigación del motivo literario del agua en movimiento. Para llegar a este punto, era importante realizar toda la investigación anterior plasmada en los capítulos I, II y III, debido a que es substancial comprender el significado del agua en el imaginario colectivo de Israel y su rol en la vida diaria y en su cosmovisión religiosa. Cuando Juan en su evangelio enfatiza la divinidad y encarnación de Jesús, se mueve en un mundo de ideas judías,[246] con símbolos conocidos y cotidianos. El símbolo del agua toma un rol relevante dentro de todo el evangelio y se expresa a través de ella una teología que mira hacia el Antiguo Testamento desde la realidad del crucificado y expresa a través de Jesús la manifestación de la gloria y el amor de Dios hacia la humanidad.[247]

En este capítulo exploraremos el significado y funciones que se le asignan al agua dentro del evangelio de Juan, desde su dimensión material en las vasijas de agua y el pozo de Bethesda, hasta su dimensión espiritual en los diálogos con Nicodemo y la Samaritana, hasta llegar a las palabras de Jesús con las que se anuncia como Agua Viva en Juan 7. El escritor del Evangelio de Juan es radical en este capítulo al mostrar como el agua viva es la esencia de Dios, su presencia en medio de su pueblo, y como Jesús reinterpreta el significado del agua y la aplica a su persona, haciéndose Dios y proveedor de vida.

4.1 EL AGUA EN EL EVANGELIO DE JUAN

El agua en el Nuevo Testamento es un símbolo que está presente desde los primeros relatos y se relaciona a Jesús con ella desde el inicio su ministerio, específicamente en el bautismo(Mt 3.13-17; Mc 1.9-11; Lc 3.21-22).[248] Iniciamos este análisis con capítulos 2, 3, 4 y 5 del Evangelio de Juan, para

---

[246] Para Mateos y Barreto, el lenguaje del libro no era todo original, sino que usa categorías simbólicas cuyo origen hay que buscarlo en los libros del Antiguo Testamento. Encontramos en Juan temas, palabras, personajes que tienen significado simbólico, como: el desierto, el agua, el pozo, la unción, la pascua, la gloria, el pastor, las ovejas, el templo, etc. Que significan lugares teológicos. - J. Mateos, J. Barreto, *El Evangelio de Juan*. Madrid: Cristiandad, 1982, 22-23.
[247] *Ibid.*, 18-24.
[248] En la Escritura en el Evangelio de Juan encontramos el relato de su Bautismo en el Jordán en los 3 sinópticos y lo menciona Jn 1.29-34. "En el bautismo el hombre viejo muere por la inmersión en el agua y nace un ser nuevo, regenerado. Este simbolismo está admirablemente formulado por Juan Crisóstomo *(Hom. In Foh. XXV, 2, Saintyves, Corpus,149)* Escribe: representa la muerte y la sepultura, la vida y la resurrección". – Eliade, 307. – "La palabra griega que designa el rito del bautismo significa "bañar" o "lavar"; pero en la LXX se encuentra con el significado de "ahogar" o "inundar" (Is.21:4), y hay quien afirma que éste es su sentido en el NT cuando Jesús predice su futuro bautismo de muerte (Mc. 10.38-39), quizás Pablo alude a que los israelitas fueron bautizados en el Mar rojo en 1Co. 10.2". - W. R. F. Browning, *Diccionario de la Biblia. Guía Básica de temas, personajes y lugares bíblicos*. Barcelona: Folio, 2006, 69.

luego detenernos en el capítulo 7. Al igual que en el Antiguo Testamento, el agua en movimiento está presente de muchas formas, representadas por las siguientes palabras o frases: "agua" υδατος, "agua viva" υδατος ζωντος, "pozo" πηγη y "río de agua de vida" ποταμον υδατος ζωης. En necesario aclarar que el análisis de estos capítulos 2, 3, 4 y 5 dentro de sus contextos nos lleva en un proceso que será posible visualizar cómo los significados son ascendentes hasta llegar a un clímax con el texto de Juan 7.

4.1.1 El agua que es transformada, Jn 2.1-11

La primera señal de la llegada del Reino de Dios es realizada por Jesús en Galilea, en la boda de Caná (Jn 2.1-11). Allí falta el vino, y Jesús convierte unas tinajas (υδριαι) de agua (υδατος) en vino, pero no cualquier vino, sino superior, tanto que el maestresala lo reconoce (v9-10). Para este texto bíblico León-Dufour propone una lectura simbólica, donde el tema de la boda o banquete nupcial es la abundancia, donde está presente el trigo, aceite y vino, elementos esenciales para la vida humana.[249]

Como señala León-Defour, la situación presente en el texto de Juan 2 es una boda, como bien lo describe el texto bíblico, una fiesta, una reunión de alegría y banquete. Es en ese contexto en que se termina el vino. Imaginémonos una fiesta sin vino, en un tiempo en que el vino era un elemento esencial de la vida judía. Y es aquí en esta situación donde María la madre de Jesús pide que realice la primera señal. Señal que para Jesús era manifestarse públicamente. Finalmente accede, siendo reconocido su poder ante sus discípulos. Era una señal del poder de Jesús que lo distinguía como un hacedor de milagros. En el contexto griego era habitual que el agua fuera convertida en vino, un milagro común asociado a Dionisio, dios del vino, porque para ellos el vino era el elixir de la vida, la bebida de la inmortalidad.[250] Se podría decir que el milagro de Jesús lo ubica como quien tenía el poder de transformar el agua en vino al igual que Dionisio el dios griego. Juan utiliza aquí el agua en tinajas, como un instrumento de la

---

[249] Como se registra en Dt 7.13; 11.14 - Xavier León-Dufour, *Lectura del Evangelio de Juan*. Jn 1-4. Vol. 1. Salamanca: Sigueme,1993,174-176.

[250] Dionisio era el dios del vino y de la vid, aunque muchas otras leyendas análogas, aparecen en la más diversas civilizaciones con notable regularidad. En sumeria la diosa "Madre Cepa", otro dios sumerio era "Gestín", "Buena cepa", y "Nin-kasi" que significaba "dama del fruto embriagador". En Egipto, el dios del vino era "Osiris" y vemos más tarde en el cristianismo a Jesús diciendo Yo soy la Vid, y usando el vino como su sangre en la última cena. - Raúl Marquez Díaz, *El vino y la religión*. Viticultura y Cata de vino tranquilos. Madrid: Visión Libros.12. - Anselm Grün, *Imágenes de Jesús*. España: Claret, S.A, 2005,95-96.

manifestación de la Gloria de Dios en Jesús,[251] igualando el poder de un dios griego.

4.1.2 Nacimiento de Agua y Espíritu, Juan 3: 1-12

Juan continúa usando el agua como instrumento dentro del ministerio de Jesús. Otro texto del Evangelio en el que Juan da énfasis al agua es cuando Jesús habla con Nicodemo en Juan 3. 1-12. Nicodemo, fariseo, maestro de la ley y miembro del Sanedrín (v10), se acerca a Jesús de noche. Y le dice, "Rabbí (maestro) sabemos que has venido de Dios" (v2a). Vemos aquí que Nicodemo reconoce en Jesús su relación con Dios, una relación privilegiada (v2b).

Jesús, en su diálogo con Nicodemo, insiste que para ver el reino de Dios es necesario nacer de nuevo. Respuesta que confunde a Nicodemo y pregunta a Jesús, "¿Cómo puede uno nacer siendo ya viejo? ¿Puede acaso entrar otra vez en el seno de su madre y nacer?" (v.4). Aquí vemos a Nicodemo pensando de una forma material, humana e intelectual. La mirada intelectual del fariseo Nicodemo le impide comprender la profundidad de las palabras de Jesús, mientras que la incertidumbre y el desconcierto de Nicodemo le permiten a Jesús profundizar más en el mensaje del nuevo nacimiento.

Nuevamente llega otra respuesta de Jesús (v5):

> "De cierto αμην, de cierto αμην os digo: el que no nazca de agua y de Espíritu no puede entrar en el Reino de Dios" (Jn3.5).

Al traducir el v.5 al griego en el principio de la oración, vemos la certeza de Jesús en sus palabras, usa la palabra "αμην" que significa "de cierto" o "verdaderamente," la repite dos veces y las vuelve a utilizar en el v11.[252] Así asegura que lo que viene a continuación es real. Y dice: "el que no nazca de agua υδατος y de Espíritu πνευματος no puede entrar en el Reino de Dios", indicando un nuevo nacimiento, distinto a la Ley. Zorrilla y Chiquete nos explican que existen dos interpretaciones sobre esta expresión:

1) Algunos biblistas sugieren que en este contexto "agua" se refiere al bautismo de Juan el Bautista o la purificación judía, la cual se supone es insuficiente para lo que el Espíritu logra.

---

[251] "Gloria" (dóxa) es una expresión griega equivalente al término hebreo kabód, el cual denota un fenómeno sensible (frecuentemente la luz) que sirve para indicar la presencia de Dios (Éx 33.22; Dt 5.21; 1 Re 8.11). La gloria adquirió en el AT un significado escatológico (Is 60.1) que ha pasado al NT (Mc 8.38). - "Manifestar" es un término juanino, utilizado siempre en el sentido de "descubrir, revelar" una persona o una obra, que dice relación a Dios (Jn 1.31; 3,21; 7.4; 9.3; 17.6; 21.1,14). - Salvador Carrillo Alday, *El evangelio según san Juan.* Navarra: Verbo Divino, 2010,132.
[252] Hugo Zorrilla y Daniel Chiquete, *Evangelio de Juan.* Miami: Soc. Bíblicas, 2008,78-79.

2) Otros eruditos ven en esta mención del "agua" que es figura del Espíritu como referencia al poder transformador de Dios en la vida del creyente.[253]

De acuerdo con esta investigación, y al uso que se le ha dado al agua en el Antiguo Testamento, también reconociendo que Juan ha continuado esa forma de usar el motivo literario de agua en movimiento, concluimos que ambas interpretaciones de este versículo se quedan cortas e insuficientes. La primera explicación solo toma la imagen del agua dejando de lado el Espíritu. Y en la segunda, se toma el agua como símbolo del Espíritu, identificación que cuestionamos, ya que en el Antiguo Testamento es claro que el agua y el Espíritu son dos elementos muy distintos, como se puede comprender en los comentarios al finalizar los capítulos II y III de esta tesis.

De acuerdo al estudio realizado en esta tesis, el Espíritu es la presencia de Dios manifestada en medio de su pueblo, donde el Agua es solo uno de los elementos que usa para este propósito. Entonces el versículo nos indica que las obras o ritos son insuficientes para entrar en el reino, por ello es necesario a través del Espíritu de Dios completar esa obra salvífica. Esto lo confirma el v6 cuando nos dice que "El Espíritu de Dios da nacimiento a nuestro espíritu". En este diálogo el Agua no es reemplazada, sino que es acompañada por el Espíritu de Dios, ambos elementos y juntos poseen la fuerza transformadora para que el ser humano nazca de nuevo, permitiéndole entrar al reino de Dios.

4.1.3 El agua viva y el agua del pozo, Jn 4. 4-43

Jesús continúa su ministerio, llevando la buena de nueva. Es un mensaje que también alcanzaba a los samaritanos, considerados también herederos del antiguo reino de Israel, aunque llevaban separados muchos años de Judá.[254] En Juan 4. 4-43, vemos una narración donde Jesús conversa con una mujer samaritana. En los versículos 4 al 6 Jesús se desplaza desde Judea a Galilea, y específicamente pasa por la región de Samaria(v4),[255] a una ciudad llamada

---

[253] Como la frase es "agua y Espíritu", conviene traducir el binomio de tal manera que no se sugiera contraste. Ambas palabras aparecen en el original sin artículo y regidas por preposición. – *Ibid.*, 80.

[254] Los samaritanos continuaban venerando a su antepasado Jacob y rindiendo culto al Dios único en el monte Garizim. - León-Dufour, 275.

[255] "La región de Samaria obtiene su nombre de una capital fundada por el rey Omrí (886-875) corresponde al antiguo reino israelita del norte. En el año 722 los asirios se habían apoderado de ella y habían deportado a una parte de sus habitantes, instalando en ella colonos de otras tierras. Existían población judía y pagana, los descendientes judíos habían conservado su fe ancestral pero no reconocían más que la tradición del pentateuco y consideraban que su monte Garizim, donde había sido colocada la bendición de Yahvé sobre Israel, era el lugar auténtico de adoración; además sus creencias se mezclaron con ciertos elementos de las religiones extranjeras. Por ese motivo, los judíos los tenían por cismáticos y hasta herejes." – *Ibid.*, 275.

Sicar; se sienta junto a un pozo (πηγη), donde llega una mujer de Samaria a sacar agua del pozo (πηγη).

En este relato está presente la imagen del pozo, pero no cualquier pozo, es el pozo de Jacob. Recordemos que en el Antiguo Testamento el pozo (πηγη), significa fuente.[256] Éste se consideraba un don de Dios dado a través de los patriarcas, específicamente a través de Jacob, lo que simbolizaba la fuente de vida para Israel.

Samaria era un lugar donde escaseaba el agua; por lo tanto, los pozos eran lugares naturales privilegiados, símbolo de encuentros, de conflictos y reconciliación.[257] Vemos en los v6-7 cómo el relato enfatiza en la importancia del agua material como vivificadora. Jesús tiene sed, siente la necesidad de beber y pide a la mujer que viene por agua.[258] El autor del evangelio utiliza esta imagen de Jesús para demostrar que en su humanidad sintió necesidad y se pone al nivel de la samaritana, en igualdad, eliminando la discriminación y con ese acto dignifica a la mujer, rompiendo todos los prejuicios de la cultura.[259]

Jesús en su diálogo con la mujer, le pide agua, y la mujer en vez de darle de beber, marca su diferencia racial con Jesús (v9), diferencia entre judíos y samaritanos. Pero Jesús hace caso omiso de este comentario, entendiendo que era una costumbre legalista antisamaritana.[260] Deja de lado cualquier discusión cultural, basada en tradiciones de los judíos. Y al igual que con Nicodemo, Jesús lleva el diálogo a algo más profundo.

En el v10 vemos el ofrecimiento de Jesús a la samaritana:

> Jesús le respondió: "Si conocieras el don de Dios, y quién es el que te dice: "Dame de beber", tú le habrías pedido a él, y él te habría dado agua viva" (Jn4.10).

Este diálogo nos muestra a una mujer que va en busca de agua material, pero Jesús ofrece agua viva. Lo que Jesús le ofrecía era inconcebible para ella, debido a que, en el transcurso de toda la historia de Israel, existía un imaginario

---

[256] *Ibid.*, 275.
[257] Tal es el caso de Agar e Ismael en el desierto (Gn. 21:19-22). / Como el caso de Abraham, cuando llama la atención a Abimelec, porque sus siervos se habían apropiado a la fuerza de un pozo. Ambos hacen un juramento en el pozo reconociendo que el pozo era de Abraham (Gn.21:22-32). Otro caso, es de los filisteos cuando cierran los pozos en una disputa con Abimelec (26:15-22).
[258] Dar agua era una señal de hospitalidad (Mt 10.42; Mc 9.41).
[259] Prejuicios como que sea mujer, extranjera de Samaria, quienes eran considerados impuros. – Mateos y Barreto, 231.
[260] El sentido que aquí expresa es que los samaritanos eran considerados ritualmente impuros, y las mujeres samaritanas eran perpetuamente impuras desde la cuna. Cualquiera que usara los mismos utensilios en la mesa compartiría la misma impureza. - Zorrilla y Chiquete,105.

colectivo que comprendía que el agua era importante para la vida, pero que solo Dios tenía el poder de proveerla. Por ello la samaritana pregunta:

> ¿Acaso eres tú superior a nuestro padre Jacob, que nos dejó este pozo, del cual bebieron él, sus hijos y su ganado? (Jn 4.12)

El evangelista utiliza al personaje de la samaritana para comparar la superioridad de Jacob con el desconocido (Jesús) que le ofrece agua viva. Concediendo a la samaritana la representación de toda su nación, es un diálogo entre la nueva fe con la tradición.

Tanto para el pueblo judío como samaritano el pozo era un lugar de encuentro, de provisión donde habían visto brotar el agua dada por Dios en muchas situaciones a través de su historia.[261] Juan utiliza el motivo del agua en movimiento o pozo como símbolo de la tradición. Para Mateos y Barreto "el pozo significa aquí todas las instituciones judías, la ley, templo, la sinagoga y su centro, Jerusalén".[262]

Al continuar con el relato vemos que la samaritana menciona a Jacob como su antepasado, se encuentra aferrada a sus tradiciones y permanece firme en sus creencias; quizás por ello pregunta a Jesús en forma de sarcasmo si él era mejor que el padre Jacob (v12). En los v13-14 Jesús contrapone el agua viva υδατος ζωντος con la del pozo:

> Jesús le respondió: Todo el que beba de esta agua (υδατος), volverá a tener sed; pero el que beba del agua (υδατος) que yo le dé, no tendrá sed jamás, sino que el agua (υδωρ) que yo le dé se convertirá en él en fuente(πηγη) de agua (υδατος) que brota para vida(ζωην) eterna (Jn 4.13-14).

Para la samaritana el pozo era la vida, pero Jesús reconoce que esa agua tiene un valor limitado, no quita la sed. Encontramos en el v13 una comparación: el agua de la samaritana y el agua de Jesús:

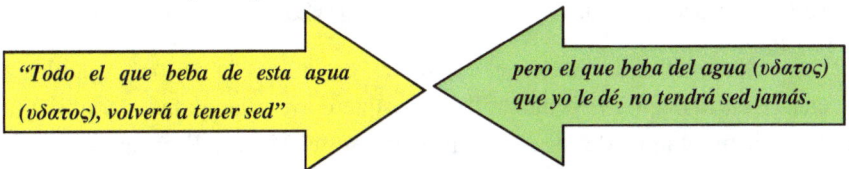

Ilustración 34: Fechas comparativas del versículo 13 y 14 de Juan 4

---

[261] Como lo venimos mencionando en los capítulos anteriores la cosmovisión del Antiguo Oriente comprendía el agua o pozos como símbolo de vida, de sustento donde podían beber los animales y todo que tuviera sed y aun usaban para la agricultura para poder subsistir en lugares tan secos y áridos.
[262] Mateos y Barreto, 229.

En ambos casos el agua se bebe, pero en el primer caso (flecha amarilla), la persona tendrá que volver a beber cada vez que la necesite, enfocándose al agua material. En la segunda (flecha verde), Jesús se refiere al agua espiritual, un agua que se consume solo una vez y nunca más.

La parte final del v.14 nos indica el propósito del agua que Jesús le ofrece: *sino que el agua (υδωρ) que yo le dé se convertirá en él en fuente(πηγη) de agua (υδατος) que brota para vida(ζωην) eterna.* Esa agua es un manantial, una fuente, que brota, que salta, que está en movimiento, que da vida. Es decir, indica un estilo de vida, un modo de vivir, nuevo y permanente, una vida en el presente no en el futuro.[263]

Vemos aquí como Jesús reemplaza el agua material por el agua viva. Ya no solo es agua, sino ahora es agua que salta, que se mueve, que produce un efecto ¿En dónde? En la persona que tiene el agua, "será en él, fuente de agua que brota para vida…" (v14).

El texto nos muestra que la mujer samaritana aún no comprende el significado de lo que Jesús le ofrece, ya que sigue enfocada en el agua material; por ello, ella le dice: "Señor, dame de esa agua, para que no tenga más sed y no tenga que venir aquí a sacarla" (v15). Aunque no había comprendido en su totalidad el mensaje de Jesús, ella cree y pide esa agua, porque la necesitaba.

Jesús, al ver la disposición de ella, descubre su vida y cuando ella le reconoce como Profeta, inicia un diálogo con respecto a la adoración. La samaritana ve en Jesús la representación de la adoración en el templo de Jerusalén por ser judío, y ella se identifica con la adoración de los antepasados en el monte, pero Jesús le enseña una nueva forma de adorar a Dios, diciéndole: "que pronto los santuarios perderían su significado". Jesús le explica que ninguna de esas formas es una adoración que agrada a Dios, sino la adoración en espíritu y en verdad (v24). Luego ella reconoce en Jesús al Mesías prometido (v25) y él lo confirma (v26).

El v27 es un paréntesis del autor del evangelio, de la llegada de los discípulos a la escena. Y en los v28-29, vemos a la mujer que corre a la ciudad a contar a la gente (a los samaritanos) de Jesús, quien podría ser el Mesías. Pero antes deja su

---

[263] La idea de que el manantial en el creyente "brotará", recuerda la creencia judía de que cuando el mesías llegara al pozo de Jacob vertería agua como un manantial, es decir, agua viva, que se desbordaría y nadie tendría que sacar agua con un cubo. El participio griego literalmente indica "que está saltando", "saltador" o "saltarín", que califica por lo común la acción de las personas. En algunos idiomas quizás sería mejor buscar la equivalencia en "chorrear" o "desbordarse", y en otros casos hasta "salpicar", que son acciones propias del agua torrentosa. - Zorrilla y Chiquete, 108.

cántaro (υδριαν),²⁶⁴ acción que, según Mateo y Barreto, quiere decir que deja su conexión al pozo, a esa agua que no saciaba la sed, a su tradición, a la Ley.

El motivo de agua en movimiento se utiliza para hablar de las tradiciones religiosas, específicamente de la Ley de Moisés, un régimen religioso que mantenía la desigualdad, la discriminación, tanto racial como de género. El agua viva la utiliza el autor para expresar la Buena Nueva de la fe en Jesús, un "Agua Viva" que transformará la forma de ver a Dios y de adorarle.

Esa nueva forma de creer en Dios elimina toda barrera de culturas, tradiciones y pueblos. Ahora es una adoración sin ritos excluyentes, sin lugares de adoración, sin templo, sino en Espíritu y en Verdad, en relación a los demás, sin discriminación, una vida que ya no está amenazada por las circunstancias, ni la muerte, sino que es vida que da Dios, anulando los preceptos y las exigencias rituales.

4.1.4 El agua viva y el agua del estanque, Jn 5.1-9

El relato de Juan 5.1-9 tiene como propósito enseñar sobre la importancia del sábado, pero aquí nos limitamos a estudiar el significado del motivo literario de agua en movimiento, representado como el "estanque o piscina". Jn 5.1 nos señala la ocasión en que ocurren los hechos. De acuerdo a este versículo, este relato puede desarrollarse en una de las fiestas judías.²⁶⁵ Este versículo no describe el tiempo que Jesús toma para llegar o trasladarse. Por ello algunos investigadores piensan que puede tratarse de la fiesta de la Pascua, ya que en 2:13 se habla de la fiesta de los judíos, fiesta en la que no están invitados los enfermos.²⁶⁶

> Hay en Jerusalén, junto a la Probática, una piscina que se llama en hebreo Betesda βηθεσδα, que tiene cinco pórticos (Jn 5.2).

El v2 nos describe el lugar específico donde ocurre el relato. Junto a la piscina Probática o el Estanque de Bethesda βηθεσδα, que en griego significa "Casa de Misericordia"²⁶⁷. Es posible que el estanque de Betesda fuese para facilitar las

---

²⁶⁴ υδριαν, es la misma palabra empleada en el episodio de la Boda de Caná, las tinajas (Jn 2.6). Representan la Ley de Moisés. – Mateos y Barreto, 242.
²⁶⁵ Muchos biblistas difieren de que fiesta se habla, ya que se puede tratar de la pascua, pentecostés o la de los tabernáculos, que eran las fiestas que se celebraban en Jerusalén. Aunque existen manuscritos que creen puede ser la fiesta de los Tabernáculos. - Keener, 272.
²⁶⁶ *Ibid.*, 270.
²⁶⁷ M.J.E.Darras, *Historia de nuestro Señor Jesucristo*. Madrid: Gaspar y Roig, 1865,332.

purificaciones con agua en el ceremonial religioso judío, asociado al Templo de Jerusalén.[268]

Hay versiones que también nos incorporan un detalle de ubicación y nos dice que está cerca de la Puerta de las Ovejas,[269] que era el lugar por donde entraban los rebaños hacia el templo para los usos domésticos o los sacrificios.[270] Otro detalle que incorpora el texto son los cinco pórticos, dando a entender que este lugar tiene relación con el templo. Para algunos biblistas este lugar era un lugar de enseñanza oficial de la ley, ya que los cinco pórticos son símbolo de los cinco libros de la Ley de Moisés.[271]

Ilustración 35: dios Asclepios

En la antigua Grecia, los Hititas, Babilonia e Israel creían que durante el sueño el alma se separaba del cuerpo y se comunicaba con los dioses y el espíritu de los héroes muertos o de los antepasados místicos, siendo esta la razón del porque se organizaron santuarios contiguos a los templos de los héroes locales o divinidades. Allí se practicaba la "incubatio", es decir, el tratamiento a sus enfermedades mientras dormían los enfermos. La mayoría de los santuarios requerían que los enfermos se purificaran en la fuente o estanque cercano.[272]

---

[268] Eli Lizorkin Eyzenberg, "Estudios Judaicos para cristianos". 1 diciembre 2014, http://jewishstudies.eteacherbiblical.com/es/la-piscina-de-betesda-como-un-centro-de-curacion-del-dios-griego-asclepio/ Fecha de acceso: 04.06.15.
[269] Mateos y Barreto, 264.
[270] Darras, 333.
[271] Mateos y Barreto, 265.
[272] Hernando Forero Caballero, *Fundamentos sociológicos de la medicina primitiva*. Colombia: Kimpres, 2003,198.

Las investigaciones arqueológicas han encontrado muchos indicios, exvotos, monedas y utensilios que denotan que el estanque de "Betesda", que está situado detrás de los muros de la ciudad de Jerusalén,[273] fue un santuario del dios greco-romano de la medicina Esculapios.[274]

> En ellos yacía una multitud πληθος de enfermos, ciegos, cojos, paralíticos, esperando εκδεχομενων la agitación κινησιν (movimiento) del agua υδατος (Jn 5.3).

El v3 nos dice que en medio de los pórticos se encontraba una multitud de enfermos. Nos describe la situación de la gente que allí se encontraba y algunos de los males que sufrían, pues eran ciegos, cojos y paralíticos, etc.

El relato nos muestra dos grupos muy opuestos: uno eran dirigentes religiosos que enseñaban en los pórticos, y otro la muchedumbre enferma, sin fuerza, tullidos y lejos de la fiesta, lejos de la alegría, carente de vida. Por lo tanto, son dos realidades, un pueblo enfermo excluido y otro en fiesta. Y ¿qué hacían allí? No distinto a las creencias antiguas, esperaban el obrar de su divinidad. Como dice el versículo, esperaban que el agua se moviera. Es decir, la imagen que tenemos del estanque, es agua estancada. La fuente de Betesda era alimentada por un acueducto artificial.[275] Se cree eran aguas termales, intermitentes, que se secaban en verano y volvían a su curso normal en octubre.[276]

El movimiento de las aguas, se consideraba un milagro de parte de Dios, esas "aguas curativas" debían hacer efecto en algún enfermo, como lo vimos anteriormente según las creencias populares de la época.

> Porque el Ángel αγγελος (mensajero) del Señor bajaba de tiempo en tiempo καιρον a la piscina κολυμβηθρα (estanque) y agitaba εταρασσεν (estaba agitando) el agua υδωρ; y el primero πρωτος que se metía después de la agitación ταραχην del agua υδατος, quedaba curado υγιης (sano) de cualquier mal que tuviera (Jn 5:4).[277]

---

[273] Eyzenberg.
[274] En la antigüedad los dioses jugaban un papel integral en la salud humana. En el mundo griego, el dios Asclepios se dedicó exclusivamente a la curación. - José L. Espinel, *Evangelio Según San Juan: introducción, traducción y comentario*. Salamanca: San Esteban, 1998,108. - En la imagen tenemos a Asclepios un médico griego, también conocido como Esculapio en Roma, quien luego fue venerado como el dios protector de la salud. Imagen http://www.memoriedalmediterraneo.com/page/15 Fecha de acceso: 01.06.15.
[275] Frente a la fortaleza Antonia, sobre una colina fuera de los muros, se encontraba, según las descripciones de Josefo, el suburbio norte de Betzatá o Betsaida. Al pie de dicha colina había un estanque para las ovejas, que se llenaba con agua de lluvia, y un segundo estanque cuyas aguas se removían de tiempo en tiempo. - Nelson, 80.
[276] "El historiador Eusebio de Cesarea, que vivió en Palestina hacia el año 330, en su obra Onomasticon, dice que eran estanques gemelos que eran alimentados de agua lluvia, uno tenía su agua color roja". - Espinel, 108-109.
[277] Se cree que parte del v3 y completo el v4 son añadidos tardíamente, con el fin de dar explicación al v3. La referencia (5.3-4) no se encuentra en los manuscritos más antiguos, ni en la mayoría de los manuscritos posteriores. - Calcada, S. Leticia y otros, Diccionario Bíblico Ilustrado Holman. Revisado y Aumentado.

El ángel o mensajero de Dios agitaba el agua del estanque, era considerado un prodigio divino al que la gente le atribuía el poder de sanar. Es decir, ese movimiento de las aguas que ocurría "no siempre", era una oportunidad de vida para los enfermos. Por lo tanto, el estanque se había vuelto un santuario a Yahvé para dar vida a un pueblo enfermo y excluido.

De acuerdo a la fe popular, podemos decir que el agua que era movida por el ángel era un agua para sanidad del ser humano, capaz de dar vista, de devolver las fuerzas al tullido, de dar vida a un ser humano relegado de la sociedad.

En el v5 el relato cambia, ya no nos continúa hablando de la multitud, sino de un enfermo en particular. Algunos biblistas señalan que en este enfermo se encarna a la multitud enferma, a ese pueblo excluido, a los marginados y sometidos a la Ley.[278]

> Había allí un hombre que llevaba treinta y ocho años enfermo (Jn 5.5).

El hombre enfermo lleva 38 años postrado, tendido κατακειμενον, es decir, una vida entera esperando que el agua sea agitada para ser sano.

> Jesús, viéndole ιδων tendido κατακειμενον y sabiendo que llevaba ya mucho tiempo, le dice: ¿Quieres curarte? (Jn 5.6).

En el v6 Jesús le mira ιδων y le ve tendido κατακειμενον o reclinado sobre su lecho, entendiendo que llevaba mucho tiempo en ese lugar le pregunta, "¿Quieres curarte?" Lo interesante de esta pregunta es que hoy la encontraríamos inadecuada y fuera de lugar porque si está allí esperando tanto tiempo es porque realmente quiere sanar, pero Jesús hace la pregunta de una manera en que implícitamente está ofreciendo la sanidad, abre la oportunidad que él tanto esperaba. Pero es Jesús quien se acerca, esto sugiere una oposición al sistema religioso y político de su tiempo, donde las personas eran estigmatizadas y alejadas de la sociedad.

> Le respondió el enfermo: Señor, no tengo a nadie que me meta en la piscina cuando se agita ταραχθη (sea agitada) el agua υδωρ; y mientras yo voy, otro baja antes que yo (Jn 5.7).

En el v7 el enfermo, no comprendiendo la pregunta, responde que no tiene quien le lleve al estanque cuando el agua υδωρ es agitada ταραχθη, es decir movida. Vemos en esta respuesta que el enfermo ya no tenía esperanza, sino que estaba a

---

Nashville: B&H Español Editorial Staff, 2014, 223. Los versículos 5:3-4 no se encuentra en los manuscritos. Ver nota en Francisco Lacueva, Nuevo Testamento Interlineal Griego Español. Barcelona: CLIE. 1984. 375.
[278] J. Mateos y J. Barreto, 266.

la espera de la muerte, ya que dependía del agua del estanque, pero "no había quien le llevara". El enfermo dependía del agua para ser sano, para vivir y de otra persona para llevarle, no podía por sí solo.

Lo interesante de los v8-9 es que Jesús está en conocimiento de la creencia del agua del estanque, de su característica curativa, creencia que era popular y de muchos años. Era ya parte de la cultura del mundo antiguo.

En respuesta a que nadie tenía con él para llevarle al agua y ser sano, Jesús le ofrece la oportunidad de ser sano. Se presenta a él como agua, como medio para que Dios obre en su cuerpo, como medio de dar sanidad y dignidad como persona. Al igual que en Juan 4.1-45 con la mujer samaritana, invalida el poder del agua material ofreciéndose como nueva agua.

> Jesús le dice: «Levántate, toma tu camilla y anda. Y al instante el hombre quedó curado, tomó su camilla y se puso a andar. Pero era sábado aquel día (Jn 5.8- 9).

Jesús sana al enfermo sin necesidad del agua del estanque. Esto nos muestra que Jesús sustituye la creencia curativa del agua del estanque por el amor, por una palabra que vivifica, que da fuerza y libertad.

El agua en el estanque era un medio de sanidad para la gente que no tenía los recursos para tener médicos. Para esta parte del pueblo de Israel que eran alejados, rechazados, no contados e invisibles para la sociedad, la única solución era el agua del estanque, la que a la vez tenía a todos los enfermos esclavizados a ella, a la espera del movimiento del agua. En cambio Jesús viene y se ofrece como agua viva. Tal cual lo vimos en el Antiguo Testamento en Ezequiel 47, esa agua que salía del templo de Dios daba vida a las aguas; de igual manera Jesús da la sanidad al enfermo, le restaura. Jesús reconoce en el enfermo, una persona, le dignifica, dándole la capacidad de tomar su propio camino, y vivir con sus propias decisiones, en libertad.

Esta Agua nuevamente es usada para poder expresar cómo la bendición de Dios alcanza a aquellos que la sociedad rechazaba. Les inyecta vida, valor y fuerza, y les capacita para actuar. Esta Agua Viva de Jesús es la misma esencia de Dios que es dada sin límites a todas las personas.

4.2 JESÚS, EL AGUA VIVA
El motivo literario de agua en movimiento fue utilizado en los Escritos Bíblicos para remitirnos a realidades humanas y trascendentales, a problemas relevantes

para la vida y para explicar la confianza de Israel en Yahvé. Esto nos iluminará para comprender cómo Jesús en Juan 7.37-39 relee esta imagen, reconstruyendo su significado, dándole un nuevo sentido de acuerdo a su contexto y tiempo, abriendo un camino al Padre, así como una nueva forma de creer en Dios.

En el Antiguo Testamento el Agua era la provisión de Dios para sustentar la vida tanto a su pueblo, como a la creación, y también era un instrumento para castigar y destruir, función que se le asignaba a Dios en el imaginario de las personas, ya que se reconocía que él era quien la proveía. Tanto en el capítulo 4 como en el 7 vemos que al agua le acompaña un adjetivo, es "Agua Viva", agua que se mueve. En cambio, en los capítulos 2, 3 y 5 de Juan, tanto la de las vasijas en Caná, la conversación con Nicodemo y el agua de la piscina de Betesda, nos hablaban de agua material que era un símbolo de la Antigua Alianza, de los ritos establecidos con anterioridad al pueblo, ritos que marcaban diferencias; pero, Jesús ofrece un Agua diferente, "Agua Viva".

En esta sección del capítulo, analizaré Juan 7.37-39 y estudiaremos el significado del "Agua Viva", donde podremos respondernos preguntas como: ¿Por qué Jesús ofrece a la multitud asistente a la fiesta de los Tabernáculos "ríos de agua viva"? Veremos aquí el sentido e impacto que el discurso de Jesús provoca en quienes lo escuchan. Esto nos permitirá ver cómo la tradición del Antiguo Testamento presente en los imaginarios colectivos nos muestra el agua como gestora de vida, nuevo nacimiento y como muestra del actuar y de la presencia de Dios.

Analizaré cuál es la explicación que el narrador nos da referente a lo que Jesús quiere decir. Y para ello es importante comprender que el estudio del Antiguo Testamento previo a este capítulo de Juan es necesario, porque es el trasfondo para comprender la radicalidad de los dichos de Jesús.

4.2.1 Contexto literario de Juan 7

El motivo del agua en movimiento está presente en el Evangelio de Juan y para su estudio me enfocaré en el análisis del capítulo 7.[279] Este capítulo señala el

---

[279] El evangelio de Juan se divide en tres secciones, la tercera se llama "El día Sexto. La obra del Mesías", la que abarca desde 2.1 hasta el 19.42, dentro de ella se encuentra una sección más pequeña denominada el "El día del Mesías," en los capítulos 2.1 a 11.54.
La estructura del evangelio de Juan puede, resumirse de la siguiente forma:
I. Prólogo: El designio creador (1.1-18).
II. Sección introductoria: De Juan a Jesús (1.19-51).
III. Primera parte: El día sexto. La obra del Mesías (2.1-19.42).
   A. El día del Mesías (2.1 -11.54).
   B. La Hora final: La Pascua del Mesías (11.55 – 19.42).
IV. Segunda parte: El día primero. La nueva creación (20.1-31).

comienzo de la fiesta de la Pascua donde Jesús es rechazado como Mesías. Esto para la teología del Evangelio de Juan es importantísimo debido a que el relato nos muestra la aparición pública de Jesús desde sus inicios, construyendo un relato ascendente hasta la obra culmine. Inicia en Caná (2.1-12), continúa la sanidad del hijo del funcionario (4.46-54), el discurso público de Jesús ofreciendo agua viva (7.1-53), la resurrección de Lázaro (11.1-45), hasta su muerte como una obra consumada de mayor grandeza (19.17-42).[280]

Para una mejor comprensión del texto de Juan capítulo 7, realizaré la siguiente estructura:

1. Incredulidad de los Judíos (vers. 1 al 9)

    2. La murmuración referente a Jesús (vers. 10 al 24)

        3. Jesús en la fiesta de los tabernáculos ¿Jesús es el Cristo? (vers. 25 al 31)

        4. Dónde yo voy no podéis venir (vers. 32 al 36)

        5. El discurso de Jesús en la fiesta de los tabernáculos (vers. 37 al 39)*

    6. División entre la gente (vers. 40 al 44)

7. Las autoridades divididas (vers. 45 al 53)

El contexto literario del capítulo 7 nos muestra el peligro de muerte que enfrentaba Jesús en Judea; por eso se movía en Galilea (v1). Vemos en el v4 cómo los hermanos de Jesús, de los que se dice que no creían en él (v5), intentan convencerlo de que vaya a Judea a la fiesta de los Tabernáculos en Jerusalén para mostrarse a los demás y mostrar sus obras, pero él se reúsa, subiendo más tarde en secreto (v10). Desde el v12 podemos ver como se hablaba de Jesús: había diferentes posturas unos a favor, que decían: "es buena persona," mientras otros hablaban en contra: "está engañando al pueblo". Existía mucha controversia.

En el v28 vemos a Jesús enseñando en el templo, y como resultado de sus palabras muchos querían llevarle preso, pero no se atrevían, y otros creían a sus palabras y a sus señales (v31). Los fariseos y jefes sacerdotales buscaban la forma de arrestarle, pero Jesús pública y abiertamente predicaba sin temor. El autor del evangelio nos dice que Jesús sabía que aún no había llegado su hora y estaría con los judíos un poco de tiempo más. Pero las palabras de Jesús creaban

---

* V. Epílogo: La misión de la comunidad y Jesús (21.1-25). Estructurada tomada del libro de J. Mateos y J. Barreto, *El Evangelio de Juan*. Madrid: Cristiandad, 1982, 34.
[280] J. Mateos y J. Barreto, 32.

más confusión en medio de la gente, sin comprender hacia donde iba y por qué hablaba así (v32-36).

El discurso de Jesús sucede en medio de la Fiesta de los Tabernáculos en Jerusalén (v37-39), donde se acrecentaba la idea de matarle por causa de su predicación. Muchos creyeron en él (v40), pero otros dudaban por su procedencia, como también otros le rechazaban. El capítulo termina con la intervención de Nicodemo pidiendo a la multitud que escuchen a Jesús (v50-53).

4.2.2 Estructura de Juan 7: 37-39

De acuerdo a la estructura anterior, mi deseo es comprender el discurso de Jesús (señalado anteriormente en el punto 5**) el significado que le dá al Agua Viva y el por qué la ofrece. Para ello he dividido el discurso en 3 unidades más pequeñas:

> 1) Abarca el v37a, donde ubica a Jesús geográficamente y nos da una fecha no exacta sino de situación.
>
> 2) Indica el ofrecimiento (discurso) que Jesús hace al pueblo, v.37b y v38.
>
> 3) El narrador explica el ofrecimiento de Jesús v39.

No tomo los versículos anteriores porque existe un relato anterior que comienza en Jn 7.14 y termina en el v36. Vemos en el v37 un cambio temporal "Ultimo día de la fiesta", que termina con la explicación del narrador en v.39. Los v40-53 son el resultado o consecuencia del discurso o palabras de Jesús; por lo tanto, solo lo mencionaré porque creo no relevante para mi investigación.

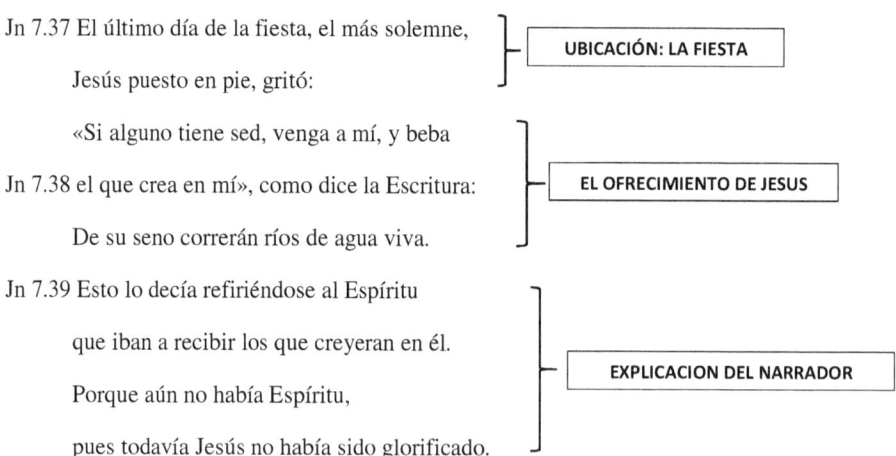

Ilustración 36: Estructura Juan 7. 37-39

Análisis del texto

4.2.3 V37a: Ubicación: "La fiesta"

Nuestro texto de estudio nos señala la ubicación no geográfica sino temporal, y nos indica que Jesús se pone en pie frente a la multitud que asiste a la festividad judía, y es el *"último día"*. Muchos exégetas dicen que se refiere al octavo día de la fiesta de los Tabernáculos, porque el octavo día era el final no sólo de la fiesta, sino de todo el gran ciclo de festividades religiosas anuales.[281] Las investigaciones no concuerdan en el día exacto: unos dicen que fue el séptimo día de la fiesta y otros el octavo día.[282] Pero cual sea el día, no es una fecha cronológica, sino teológica. Creo que no es relevante en nuestra investigación, sino lo que en ese día sucede.

Como mencionamos con anterioridad, la fiesta que se realizaba era la "Fiesta de los Tabernáculos." Ella consiste en que se conmemoraba la fidelidad de Dios con su pueblo en el desierto y para conmemorarla dormían en cabañas o tiendas.[283] Esto se realizaba poco después del Día de la Expiación en que los hombres tenían que afligir su alma. Pero la Fiesta de los Tabernáculos era lo contrario: era gozo y regocijo en Dios. Esta fiesta era una de las más importantes del año judío. Era una fiesta donde se relacionaba el templo con la roca del desierto (Sal 78.15-16; Ez47 y 1 Co10.3-4) y la roca que servía de base al templo.

La Fiesta de los Tabernáculos era ordenanza de Yahvé a Moisés, según el texto de Números 29.12-35

> El día quince del mes séptimo celebrarás una fiesta solemne, y nadie realizará ningún tipo de trabajo. Durante siete días celebrarás una fiesta en honor del Señor.... "El séptimo día prepararás siete novillos, dos carneros y catorce corderos de un año y sin defecto. Con los novillos, carneros y corderos presentarás ofrendas de cereales y libaciones, según lo que se especifica para cada número. Incluirás también un macho cabrío como sacrificio expiatorio, además del holocausto diario con su ofrenda de cereales y su libación. El octavo día celebrarás una fiesta solemne, y nadie realizará ningún tipo de trabajo.[284]

---

[281] William Hendriksen, "El evangelio de Juan". *Comentario al Nuevo Testamento*. Grand Rapids: Desafío, 1981, 230.
[282] *Ibid.*, 230.
[283] Craig, 278.
[284] Nm 29.12-35 NVI 1984.

Craig nos dice que, durante los siete días de la fiesta, los sacerdotes marchaban en procesión desde el estanque de Siloé al templo y derramaban agua sobre la base del altar. La importancia de la fiesta era conocida en el mundo romano, es posible que se reunieran los peregrinos judíos que venían de Roma y sus alrededores. Estos peregrinos observaban el ritual, incluso se lo celebraba con jarras que se podían llevar a sus casas como recuerdo.[285] Durante los siete días de la fiesta un sacerdote llenaba una jarra de oro con agua de ese estanque y, acompañado de una solemne procesión, volvía al templo y, en medio del toque de trompetas y de gritos de las alegres multitudes, la derramaba en un embudo que terminaba en la base del altar de los sacrificios encendidos. Esta ceremonia no sólo le recordaba las bendiciones otorgadas al pueblo en el desierto (el agua de la roca, Números 20.1-13), sino que también se enfocaba hacia la esperanza de la era mesiánica. Hacían alusión a los pasajes de Isaías 12.3: *Sacaréis con gozo aguas de las fuentes de la salvación*, e Isaías 55.1 *¡Oh, todos los sedientos, id por agua, y los que no tenéis plata, venid, comprad y comed, sin plata, y sin pagar, vino y leche!* Se leía allí el pasaje Zacarías 13.1-14, donde se promete un manantial que será abierto en Jerusalén en el futuro.

Los participantes en la fiesta sostenían en la mano derecha una rama de mirto, una vara de sauce y una palma: en la mano izquierda, una cidra u otro fruto semejante. Era todo un desfile histórico.[286] En el octavo día era diferente: se entonaba el Salmo 118.25 tantas veces, que se le denominaba El Gran Hosanna.[287]

4.2.3.1 V37b- V38: El ofrecimiento de Jesús

Estando Jesús en la fiesta, el último día, se puso en pie y ¡gritó! Podemos deducir de esto que era una gran cantidad de gente, una multitud que asistía al evento. El relato dice que Jesús gritó: *Si alguno tiene sed, venga a mí, y beba.* De acuerdo a nuestra estructura, en la parte 37b, tenemos aquí dos situaciones (que señalaré con N° 1 y 2), importantísimo para el estudio del agua en este párrafo bíblico y también un paralelo que analizaré más adelante.

1.- «Si alguno tiene sed,

2.- venga a mí, y beba

---

[285] Craig, 280.
[286] Hendriksen, 232.
[287] *Ibid.*, 231.

Tenemos aquí dos situaciones, 1. Quien tiene sed, 2. y quien sacia la sed. La primera opción, *si alguno tiene sed*, nos indica que existen personas con sed. Jesús está aludiendo al significado antiguo de lo que era tener sed en el desierto; recordemos que la fiesta conmemora el Éxodo. Por lo tanto, aquí Jesús está trayendo del imaginario de la gente el recuerdo de un camino duro, seco, de un pueblo que caminaba a la deriva por un lugar inhóspito y de muerte. Cuando se levanta en la fiesta y grita, está declarando que existe en medio de Israel personas con sed, pero, ¿De qué sed habla? Al observar el punto dos, podemos entender que la sed a la que Jesús se refiere no es la sed física, sino una necesidad espiritual, como lo vimos en el capítulo anterior "Yahvé manantial de agua viva."

Volviendo al punto 1, podemos comprender que no es a cualquier persona a la que se le ofrece el agua, sino a la que tiene sed, es para aquellos que la necesitan, que la buscan, lo que involucra una acción y una decisión.

En la segunda opción, vemos el ofrecimiento de Jesús: *venga a mí, y beba*. Para Mateos y Barreto, Jesús se ofrece como esa roca de donde fluye el agua, o como la fuente abierta en Jerusalén, como esa promesa cumplida de Zac 14.[288]

En el v37b y v38 vemos un paralelo. Jesús ofrece agua viva en su discurso al que tiene sed, pero pone una condición para recibirla y saciarse: *El que crea en mí*. Esto nos indica que el mensaje va dirigido al creyente, al individuo. Es personal y solo a través de la fe "personal" en Jesús se bebe el Agua Viva. El verbo que vemos aquí traducido como *"crea"* en griego es πιστεύων. Es un verbo participio presente activo nominativo singular, que se traduciría como *aquel que cree*. Esto hace que el mensaje de Jesús sea un creer activo. No se refiere a la fe, sino en una acción permanente. Esto nos permite visualizar que el acto de creer se sitúa en el plano de las relaciones entre personas.[289] Es decir, *está creyendo*; es la idea de una acción permanente, que se está realizando y por lo tanto, está abierta. Creer debe considerarse como referido al pegamento social que ata a una persona con otra; se unen por medio de la lealtad, no por medio de una confesión.[290]

---

[288] Mateos y Barreto, 384.
[289] Fernando Ramos P., *Ver a Jesús y sus signos, y creer en él*. Estudio exegético- teológico. Roma: Analecta Gregoriana, 2004, 46.
[290] J. J. Pilch y Malina, B. J. *Handbook of Biblical Social Values*. Peabody, Mass: Hendrickson,1998,72.

«Si alguno tiene sed,

venga a mí, y beba

el que crea en mí», como dice la Escritura:

De su seno correrán ríos de agua viva.

Lo interesante es que este creer activo en Jesús cumple con lo escrito. Por ello él dice: *como dice la Escritura*, en griego καθως ειπεν η γραφη se puede traducir *como dijo el escrito o como dice la Escritura,* refiriéndose a los textos que se leen públicamente en la fiesta, Ez 47 y Zac 14. Son textos que nos revelan que el templo es la fuente de las aguas de vida y que serán vertidas para toda tierra. Se interpretaban y enseñaban haciendo énfasis en que las Aguas Vivas fluirían desde el templo con el fin de llevar vida a toda la tierra, ya que los judíos pensaban que el centro de la tierra era el templo.[291] Cuando Jesús se levanta en la fiesta, compara su persona con la fuente o el templo del cual el Agua Viva fluye, dando así un nuevo sentido o una nueva interpretación.

Craig nos dice que otros exégetas han interpretado Jn 7.37-39 como si Jesús estuviera presentándose como la piedra fundamental de un nuevo templo,[292] ya no tanto referente al agua sino a la nueva fe, a Jesús como el templo o piedra angular como lo vemos en Efesios 2:13-22

> Mas ahora, en Cristo Jesús, vosotros, los que en otro tiempo estabais lejos, habéis llegado a estar cerca por la sangre de Cristo. Porque él es nuestra paz: el que de los **dos pueblos hizo uno,** derribando el muro que los separaba, la enemistad, anulando en su carne **la Ley de los mandamientos con sus preceptos**, para crear en sí mismo, de los dos, un solo Hombre Nuevo, haciendo la paz, y reconciliar con Dios a ambos en un solo Cuerpo, por medio de la cruz, dando en sí mismo muerte a la Enemistad. Vino a anunciar la paz: paz a vosotros que estabais lejos, y paz a los que estaban cerca. Pues por él, unos y otros **tenemos libre acceso al Padre en un mismo Espíritu.** Así pues, ya no sois extraños ni forasteros, sino conciudadanos de los santos y familiares de Dios, **edificados sobre el cimiento de los apóstoles y profetas,** siendo la **piedra angular Cristo** mismo, en quien toda edificación bien trabada se eleva hasta formar un templo santo en el Señor, en quien también vosotros estáis siendo juntamente edificados, hasta ser **morada de Dios en el Espíritu.**[293]

---

[291] Ez 5.5 RBJ 1976.
[292] Craig, 280.
[293] Ef 2.13-22 RBJ 1976.

Vemos esta misma idea ya mencionada antes en Juan 2.19-21, como Jesús se compara a templo:

> Jesús les respondió: «Destruid este Santuario y en tres días lo levantaré.» Los judíos le contestaron «Cuarenta y seis años se han tardado en construir este Santuario, ¿y tú lo vas a levantar en tres días?» Pero él hablaba del Santuario de su cuerpo.

Jesús había dicho que él levantaría el templo en tres días una vez destruido, pero sus palabras trajeron gran confusión y enojo entre los judíos, porque pensaban que se referían al templo físico, la obra del templo de Jerusalén. Pero el v.21 nos aclara que él hablaba de su cuerpo como templo de una nueva fe.

La ceremonia de la fiesta de llevar el agua de la fuente al templo viene de la tradición que originalmente era extraer el agua de lluvia, símbolo de bendición. Esta creencia judía estaba basaba en la imagen de que Yahvé era quien desde su trono en el cielo la proveía.[294] Yahvé abría los cielos y liberaba el agua según su voluntad (Gn 7.11; 8.2; 2 Re 7.2-19).[295] Por eso es importante notar que este ofrecimiento de Jesús fue un gran impacto para los judíos. El agua venía de Dios y ahora él la ofrece gratuitamente a quien la quiera.

Este nuevo sentido que Jesús le da al rito del agua impacta grandemente a quienes escuchaban (v40-52). El relato del evangelio nos dice que unos creyeron en él, pero otros dudaban, debido a que se preguntaban ¿De Galilea ha de venir el Cristo? En cambio, otros simplemente le rechazaron, ya que era claro para ellos el mensaje de Jesús. Él se apropió de los textos de Ezequiel 47 y Zacarías 14, que dicen que el agua viene de Dios y que en el futuro fluirán para dar vida a todas las naciones de la tierra. Jesús, al compararse como la fuente de esta agua, o el templo de donde nace el agua, rompe con el sentido ritual antiguo y abre posibilidades de esperanza no solo a los judíos sino a todo el mundo.[296] Ya no más agua material o ritual, sino una nueva fe, a través de Jesús.

Para continuar con mi estudio, yo creo que no es al templo a que se refiere Jesús, sino que es a la fuente de agua, como lo dice el v.38b: "ποταμοι εκ της κοιλιας

---

[294] *¡Alma mía, bendice a Yahveh! ¡Yahveh, ¡Dios mío, qué grande eres! Vestido de esplendor y majestad, arropado de luz como de un manto, tú despliegas los cielos lo mismo que una tienda, levantas sobre las aguas tus altas moradas; haciendo de las nubes carro tuyo, sobre las alas del viento te deslizas; tomas por mensajeros a los vientos, a las llamas del fuego por ministros. Sobre sus bases asentaste la tierra, inconmovible para siempre jamás".* Sal 104.1-5 RBJ 1976.
[295] Cook, 47-71.
[296] Craig, 280.

αυτου ρευσουσιν υδατος ζωντος;" que se traduce: *ríos de agua de vida fluirá de su vientre (cavidad)."*[297]

Para ello analizaremos una a una de las palabras:

> ποταμοι[298] significa ríos en plural, propongo que se refiere a la abundancia, torrente de aguas, sin límite.
> ῥεύσουσιν[299] (Correrán) fluirán simbólicamente del seno del ser humano.
> ὕδατος[300] (Agua): puede traducirse como boca de riego.
> ζῶντος[301] (de Vida, viviendo): se refiere a la vida natural de cada ser humano, a la conducta de vida.

De acuerdo a esta traducción, vemos lo siguiente: primero, que este río fluirá simbólicamente, que el ser humano que la posea será una boca de riego, agua que dará vida a otras personas.

Son dos las interpretaciones que se le dan a este versículo: el agua fluye de Jesús, o esa agua fluirá de los creyentes. En mi investigación he optado por ambas interpretaciones, ya que creo que el autor del Evangelio de Juan nos muestra a Jesús como esa fuente, como ese vientre del que sale el Agua Viva.[302]

Esto lo confirma Mateos y Barreto al escribir:

> Jesús se presenta como la nueva sabiduría que grita ofreciendo el agua del espíritu en lugar de la antigua Ley; él es la roca de la que fluyen los ríos de agua y que acompaña al pueblo... es el templo profetizado por Ezequiel, del que saldrá el río de agua vivificante y la fuente anunciada por Zacarías...[303]

Jesús ofrece su don, "Agua Viva" υδατος ζωντος, pero ¿qué es el Agua Viva? En realidad, para nosotros es un misterio, pero para los oyentes en la fiesta no lo

---

[297] Nuevo Testamento interlineal griego-español. Versión PDF. Argentina: Ministerio Apoyo Bíblico. 2011, 240.
[298] "Literalmente, del río que fluye río, arroyo (MT 3.6); Plural, de agua corriendo por barrancos después de fuertes lluvias inundaciones, torrentes (MT 7.25); Metafóricamente, del agua de la vida como un río que fluye, denota la plenitud de vida de Dios (JN 7.38)" – Friberg, Analytical Greek Lexicon. Versión Digital. Bible Works 9 Software for Biblical Exegesis & Research. Norfolk, VA: Bible Works, 2011.
[299] Flujo, como un río; Usado metafóricamente en Jn 7.38 del efecto de la presencia del Espíritu en una vida - Friberg, Analytical Greek Lexicon. Versión Digital. Bible Works 9 Software for Biblical Exegesis & Research. Norfolk, VA: Bible Works, 2011.
[300] ὕδωρ, ατος, τό: water - Bauer – Danker, Greek – English Lexicon of the NT. Versión PDF - Works 9 Software for Biblical Exegesis & Research. Norfolk, VA: Bible Works, 2011.
[301] Friberg, Analytical Greek Lexicon. Versión Digital. Bible Works 9 Software for Biblical Exegesis & Research. Norfolk, VA: Bible Works, 2011.
[302] En esta interpretación las opiniones son distintas, existen dos opciones: la primera, que los ríos brotarán del creyente, de aquellos que han creído en Jesús. Y la segunda opción, ve a Jesús como esa fuente y que esa agua brotará de su costado cuando Jesús muera en la cruz. - León Dufour, 190.
[303] Mateos y Barreto, 385.

era. Ellos traían un conocimiento distinto al nuestro, como lo vimos en los capítulos anteriores. El agua había sido usada en Israel como una imagen constante refiriéndose a la vida que provenía de Dios, solo que ahora ese sentido se amplía, ofreciéndola como un agua vivificante y transformadora, un agua que da nueva vida y transforma la realidad.

Jesús ofrece el agua Viva como un poder dinámico y creador; éste hace del huésped un agente de transformación. Ese poder se alimenta de la fe, es dinámico porque se mueve, no le deja quieto, y también es creador porque se adapta y renueva según las situaciones. Cada mujer y hombre presentes en los relatos, junto a Jesús vivieron una experiencia que les transformó, un plus que les capacitó, que les dio la sabiduría para proceder y así como al paralítico de Betesda, tomaron su propia vida y su camino.

4.2.3.2 V39: Explicación del narrador

En este tercer bloque de mi estructura, notamos al narrador explicando el discurso de Jesús y dice:

> Esto lo decía refiriéndose al Espíritu que iban a recibir los que creyeran en él.
> Porque aún no había Espíritu, pues todavía Jesús no había sido glorificado (Jn 7.39b).

Para comenzar el análisis de este versículo, debemos tener presente que el libro fue escrito muchos años después del ministerio de Jesús.[304] Por lo tanto, esto nos permite visualizar que el autor escribe ya conociendo los hechos. Por ello su teología tiene como fin mostrarnos un Jesús rechazado por la institución judía, que ofrece una alternativa, una nueva opción de liberación a un pueblo oprimido, y un Jesús que cumple con las características del Salvador prometido.

En el v39 encontramos que el autor del Evangelio usa al narrador, para explicar el discurso de Jesús, cuando habla de los "ríos de Agua Viva", aclara diciendo:

> "Esto lo decía refiriéndose al Espíritu que iban a recibir los que creyeran en él".

La oración clave en este párrafo es...*al Espíritu que iban a recibir.* ¿A qué Espíritu se refería el narrador? León Dufour dice que el Nuevo Testamento

---

[304] La fecha y lugar de la composición del Evangelio de Juan, aún son muy relativos, existen muchas investigaciones que aún no llegan a consenso, está fechado en el 70dC., basados en algunos detalles geográficos y también entre el 98 y 100d.C. después del concilio de Yamnia (90 d.C.) cuando ocurre la ruptura completa entre la iglesia y la sinagoga. Hechos que describe el evangelio. - Levoratti y otros, 1319-1320.

conoce la actividad del Espíritu de Dios como en el Antiguo Testamento.[305] Entonces para entenderlo nos lleva a remontarnos a la cosmovisión del Antiguo y cercano Oriente como lo hicimos en los análisis de los temas anteriores (Capítulo I, II y III). En el estudio anterior concluimos que el Espíritu en hebreo רוּחַ se consideraba el Aliento de Dios, el soplo generador de Vida (Gn 2:7) que proviene de Dios. Y también era el viento vivificante o tempestuoso que tenía el poder de destruir o dar vida en la creación (Gn 6-8, Ex14.21-30). [306] Poder que se puede comprender como la fuerza que irrumpe en determinadas personas, particularmente en los jueces o profetas. A él se atribuye el fenómeno de la profecía. El profeta tiene la experiencia privilegiada de que Dios mismo se hace presente en él y actúa en su interior (Is 11.1ss; Ez 17.23).[307] En otras palabras, Espíritu se designa a la majestad y el poder dinámico de Dios, el poder creador. Es un poder que da fuerza y valor que capacita al ser humano a hacer la voluntad de Dios (Jc 3.10; 5.34; 11.29).

En el capítulo 37 de Ezequiel se designa como la fuerza vital:

> … Se han secado nuestros huesos, se ha desvanecido nuestra esperanza, todo ha acabado para nosotros (Ez 37.11).

Ezequiel nos muestra que la esperanza de vida del pueblo estaba desfalleciendo, más Dios volverá a darles de su soplo de vida, confirmando una nueva creación como en Gn 2.7; Jb 27.3; Sl 104.29; Is 42. 5: *…Infundiré mi espíritu en vosotros y viviréis* (Ez 37. 14a)". Donde finalmente podemos ver que el término "Espíritu" se refiere a un concepto teológico, que se refiere a la presencia de Dios y a todo cuanto ella involucra.

En el Nuevo Testamento πνευμα es "Espíritu. Se designa al viento que viene de Dios y que capacita al ser humano para una nueva vida, al igual que las aguas primordiales de Génesis 1.2.[308] Otra definición de πνευμα es: "aliento", (vida de espíritu, alma) por lo tanto, se define como espíritu la parte de la personalidad humana, lo inmaterial y lo que no se ve del ser humano (1 Co 5.3 - 5; 2 Co 7.1;

---

[305] León-Dufour, 271.
[306] "Espíritu o רוּחַ" en el antiguo testamento. Significaba "Respiración, Aliento, Vida" o "Viento". Por lo tanto, se puede traducir como el "Aliento de Dios." – Schokel, 692. / "Müller denomina el "Espíritu" en el Antiguo Testamento como la fuerza femenina-materna viva en la ferocidad de la tormenta y en la suavidad de la brisa, el aliento vital y, por consiguiente, encarnada en Jesús. También lo entiende como viento tempestuoso que viene de Dios (Gn.1), o como el aliento de vida que da o quita al ser humano (Gn.2- Sal. 104)". - Geiko Müller Fahrenholz, *El Espíritu de Dios. Transformar un mundo en crisis*. Santander: Sal Terrae, 1996, 34.
[307] José Antonio Sayés, *La Trinidad Ministerio de Salvación*. Madrid: Palabra, 2000, 56.
[308] Sayés, 22.

Col 2.5; Hb 4.12).[309] Ambas definiciones convergen en que es el soplo de vida que viene de Dios al ser humano, el cual le renueva permitiéndole nueva vida (Jn 3.5).

El autor del Evangelio utiliza un narrador, como si los hechos estuvieran pasando en el momento, formando la idea de que anticipa el clímax del ministerio de Jesús, asegurando que en su muerte se cumplirá la promesa mesiánica señalada en textos como Jl 2.28, Is 44.3 y Ez 36.24-27.[310] Así nos lleva a comprender que el Espíritu de Dios, según las promesas del Antiguo Testamento, reposaría sobre el Mesías (Is 11.2; 42.1; 61.1; Ez 3.26 entre otros). Por lo tanto, lo que vemos en el v39 es un mensaje implícito de que Jesús declara ser la fuente de donde saldrá esa Agua Viva para los que crean. Hecho que el escritor del Evangelio de Juan señala que se cumple en el sacrificio de Jesucristo en la cruz:

> …uno de los soldados le atravesó el costado con una lanza y al instante salió sangre y agua (Jn 19.34).

Dos elementos salieron del costado abierto del Señor: sangre y agua. La sangre efectúa la redención y quita los pecados (Jn 1.29) a todo que cree en él (Hch 20.28), y el Agua que sale del costado de Jesús, es utilizada aquí para expresar que él es la fuente de donde brota el agua, cumpliendo las profecías de Ezequiel 47 y Zacarías 14, que dicen que en el futuro del templo saldrá el río de agua vivificante (Jn 12.24; 3.14-15), dando así nacimiento a una fuente inagotable de "Agua Viva".

La segunda parte del versículo 39 dice:

> Porque aún no había Espíritu, pues todavía Jesús no había sido glorificado.

El v 39 es la explicación de la primera parte, y dice: *aún no había Espíritu*. El autor del evangelio entiende que el obrar de la plenitud del Espíritu no estaba totalmente en Jesús, que eso solo ocurriría cumpliendo su misión redentora en la cruz y siendo levantado de la tumba a través del Espíritu de Dios su Padre. Para

---

[309] Louw Nida, Greek- English Lexicon of the NT. Versión PDF. -Bible Works 9. "Software for Biblical Exegesis & Research". Norfolk, VA: Bible Works. 2011.
[310] Craig, 280.

León Dufour, el evangelista interpreta las palabras de Jesús como en un sentido pleno, que solo se alcanzaría en la glorificación de Jesús.[311]

La presentación pública de Jesús y el ofrecimiento que hace del Agua Viva en la Fiesta, choca con todas las imágenes y creencias antiguas de que solo Yahvé era el proveedor del agua, por lo tanto, la vida. Esto trae como consecuencia dentro del relato la reacción negativa de mucha gente, pero también muchos creen a sus palabras (v40-41). Nuestra investigación nos lleva a concluir que Jesús es la fuente de Agua Viva, la roca, el templo, desde donde brota el agua gratuitamente. Esta afirmación nos abre un espacio para preguntar: ¿A dónde va dirigida el agua que sale de Jesús? ¿A dónde van esos ríos de agua viva? ¿Qué es el Agua Viva hoy?

---

[311] Para esta declaración se basa en el relato del bautismo de Jesús cuando el Espíritu baja del cielo (Jn. 3:22). – León-Dufour, 189 -190.

CAPÍTULO V

5. LA PEDAGOGIA DEL AGUA

Gota a gota traspasas grietas y terrenos que nadie ha transitado
bajo los rayos del sol, bajo el contemplar de la luna,
Nada puede impedir tu avanzar, nada te retiene
raudal silencioso y paciente vas sembrando la vida,
dejando tu huella, venciendo la muerte.

Han dicho de ti que eres Caos, que eres espacio de dioses,
también que fuiste sumisa a la voz del Supremo
y que te escondiste en su seno.
Han dicho de ti que fuisteis camino de esperanza y libertad
también que eras vida y que eras muerte.

¡Oh agua fresca, agua excelsa!
Se habló de ti como dadora de vida en medio de la aridez
y como triunfadora sobre la muerte.
Se habló de ti como sanidad para las aguas enfermas
y se te comparó a la justicia en el clamor de un pueblo doliente.

Se dice de ti que brotas del seno divino
y que eres Agua que todo lo transformas.
Que das nuevo nacimiento, dejando el pasado olvidado
atribuyendo nuevos dones.
Se dice de ti que fluyes como la esencia divina,
colmando al ser humano del raudal de vida.[312]

Este poema describe algunas características naturales del agua, pero refuerza el hecho que, al hablar del agua, dice claramente que a ella se le han atribuido funciones que no son propias. Se ha escrito de ella como si tuviera la capacidad de trasmutar según la situación. La autora reconoce que el agua ha sido usada para expresar hermosamente las creencias del ser humano con respecto al actuar de Dios. Al igual que en este capítulo V, el Agua en movimiento fue usada como imagen, como metáfora y como motivo dentro del texto bíblico con el fin de enseñar, de guiar y de dar a entender a un pueblo la esencia de la presencia de Dios, su compañía, su poder, y su actuar en medio de su historia. También veremos algunos problemas de interpretación del texto de Juan 7. 35-39 de hoy en día y finalizaré con mi propuesta de tesis que tendrá la finalidad de releer el evangelio de Juan en la actualidad.

---
[312] Texia Anabalón, Poema "Agua". El poema y el dibujo es inédito.

5.1 EL AGUA COMO HERRAMIENTA PEDAGÓGICA

El Agua como elemento importante para la vida posee un rol protagónico dentro de la historia del pueblo de Israel. El agua en su uso cotidiano adquirió protagonismo y realce por sus características. Llegó a tener un significado trascendental que permitió entender que no solo era un bien vital para la vida, sino que ese bien lo daba un Dios Creador. Esto permitió que Israel creara una cosmovisión religiosa de su existencia y formación, usando el agua como herramienta pedagógica y teológica en los Escritos Bíblicos. Transmitió ideas, correcciones, juicios y esperanzas a través del agua, llegando a explicar la presencia de este Dios Creador, guía y proveedor, por medio de ella. Sirvió para escribir y enseñar sobre el actuar de Yahvé y su esencia, de una manera más metodológica y pedagógica a un pueblo que transmitía sus enseñanzas oralmente. Cuando hablamos de agua en movimiento, estamos hablando de un elemento que percibe la presencia palpable de Yahvé, que actúa y existe por el poder de Yahvé.

En el Evangelio de Juan el agua en movimiento se presenta como un elemento no solo pedagógico sino también teológico, específicamente en el ministerio público de Jesús, desde el bautismo, hasta el sacrificio en la cruz, ya que en cada situación ella estaba presente para reforzar la fe en Jesucristo y su Padre Celestial.

5.1.1 El Agua Viva

Como lo vimos en los capítulos anteriores, la triada que encontramos "Dios, Agua e Israel", ha estado presente como elementos separados entre sí, pero dependientes. Aquí el agua acompaña en el recorrido por la Biblia al Espíritu, imagen que representa a Dios. Desde el principio de la creación en Génesis hasta Apocalipsis, el Espíritu también cumple un rol importante en cada relato bíblico, pero de manera extraordinaria en el momento de la resurrección, cuando levanta a Jesús, dándole la victoria sobre la muerte, y le hace Espíritu Vivificante (1Co 15.45). Jesús ahora es capacitado por Dios, para dar el Espíritu a quien crea en él. Así lo confirma Juan el Bautista en el siguiente versículo:

> Y yo no le conocía, pero el que me envió a bautizar con agua, me dijo: "Aquel sobre quien veas que baja el Espíritu y se queda sobre él, ése es el que bautiza con Espíritu Santo" (Jn 1.33; Mt 3.11; Mr 1.8; Lc 3.16 y Hch 1.5).

Jesús surge de la tumba como una Nueva Creación, capaz de compartir a sus discípulos el soplo del Espíritu (Jn 20.22), al igual que Gn 2.7, solo que aquí es una fuerza vivificante, un nuevo nacimiento espiritual basado en la fe en Jesucristo como el Hijo de Dios y Mesías Redentor.

El evangelio de Juan nos muestra cómo se cumple en Jesús lo profetizado en el Antiguo Testamento y cómo Jesús se transforma en la fuente inagotable de Agua Viva, cumpliendo él la Ley (Mt 5.17-18). Hace de su muerte un sacrifico permanente; por lo tanto, no requiere más rituales para alcanzar la gracia de Dios (Ro 3.24). Es como si la fuente de agua y el agua se hayan fusionado, haciendo de Jesús una misma cosa, sumando el Espíritu dado por Dios, lo que lo transforma en Espíritu vivificante, en esa Agua Viva que da vida, tal cual se vio en el relato del paralítico de Betesda en Juan 5. Es aquí donde vemos la fusión entre los elementos de la triada. Dios, representado en su Espíritu, se fusiona en Jesús, quien también representa a Dios en la tierra. Si eso lo trasladásemos a una ecuación matemática para comprenderlo sería así:

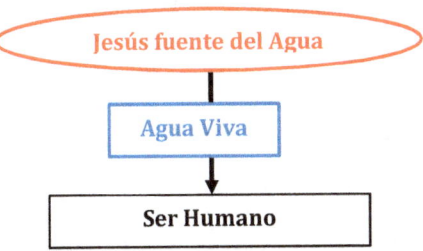

Así Jesús abre un camino más excelente hacia el Padre, y es a través del Agua Viva, símbolo del Espíritu de Dios, poder dinámico y vivificante de Dios, poder creador, transformador de realidades que estaban presentes desde la creación. Ahora, como resultado de esa fusión, tenemos una Nueva triada: Jesús fuente del Agua Viva, El agua Viva y el ser humano.

Ilustración 37: Nueva triada

Se inicia así una Nueva Noticia: ese Dios dador del agua está presente en medio de su pueblo para favorecerle con la vida, pero no solo una vida espiritual, sino como resultado también una vida material, de bienestar. Esto lo veremos a continuación.

Recordemos que Juan escribe de tal manera que la vida de Jesús cumpla con las profecías del Antiguo Testamento. El profeta Isaías nos explica que el Espíritu de Dios será derramado sobre un linaje escogido, y que no habrá diferencia, sino que serán un solo pueblo que "se les llamará Israel". Ya no solo habrá un grupo privilegiado, sino el derramamiento del Espíritu será sobre todos los creyentes, sobre todo aquel que cree, como lo expresa Hch 10.1-48.

En Isaías 44.3-4 encontramos:

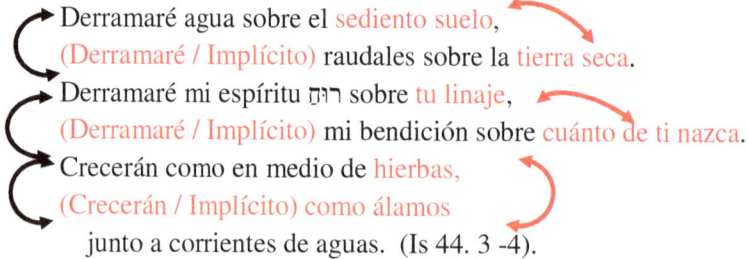

En Isaías en los versículos 3-4, tenemos paralelos que nos permiten comprender que el agua en raudales será derramada en la tierra seca o suelo sediento. Esa agua es un paralelo del Espíritu y el Espíritu es paralelo de la bendición de Dios, la cual será derramada sobre un pueblo. A la vez ese pueblo que reciba esa bendición crecerá como hierbas o álamos, junto a corrientes de aguas. Es decir, que siempre estarán verdes, siempre estarán bajo la bendición de Dios, por lo tanto, habrá vida. Como ya menciona el v3, el Espíritu es la bendición de Dios, y lo vemos otra vez confirmado en el Salmo 1.3, donde vemos claramente el significado de esta frase:

> Es como un árbol plantado junto a corrientes de agua, que da a su tiempo el fruto, y jamás se amustia su follaje; todo lo que hace sale bien (Sal 1.3).

Entonces podemos interpretar que quien posee el Espíritu de Dios será como un árbol junto a corrientes de Agua, que todo cuanto hace sale bien, prospera, posee la bendición de Dios. Esto lo vemos reflejado en muchos textos del A.T. (Sal 128.2; Prov 28.11; Ez 19.10 y Sal 92.14). Pero este árbol que da fruto tiene una condición: debe estar plantado junto a las corrientes de agua. Aquí las corrientes de aguas son agua en movimiento, la fuente de vida que les permite dar frutos, y para Juan esa fuente de Vida es Jesucristo.

5.1.2 ¿Qué significa tener el Espíritu de Dios?

Cuando hablamos de que las personas pueden tener la Bendición o Espíritu de Dios, estamos también expresando implícitamente que hay personas que no la tienen, entonces es válido preguntar, ¿qué significa tener el Espíritu de Dios?

En un lenguaje bíblico diríamos que "es tener la bendición de Dios", lo cual significa que todo cuanto haga resultará bien y prosperará porque Dios le guía. Jesús compara al Espíritu con Ríos de Agua Viva, como señalamos arriba. Según hemos argumentado, es un poder o fuerza vivificante venida de Dios, "un Poder Dinámico y Creador." Lo interesante de esto es que usó la palabra "ríos", es decir, agua dulce, agua que es posible utilizar para dar vida a las plantas, árboles y seres vivos; en cambio, el agua salada como mares, no es utilizable. El Agua Viva es usada como una metáfora o un elemento alegórico.[313] En este caso manifiesta el movimiento del agua como su característica de dar vida, aunque no puede expresar completamente su significado a través del concepto de "Agua Viva", pero se puede intuir a través de la razón y la asociación al conocer el agua como materia.

Cuando se habla de Agua viva se refiere a la "fuerza vivificante que viene de Dios" (flechas amarillas), un poder que se puede percibir a través de todos los sentidos, que viene y se inyecta en el espíritu humano y le conecta con Dios. Como lo expresa Pedro en su primera carta: *La mentalidad pecaminosa es muerte, mientras que la mentalidad que proviene del Espíritu es vida y paz (1Pe 1. 22-23)*. Al igual como Pablo lo expresa en Romanos 6.13: *Ustedes ya han muerto al pecado, pero ahora han vuelto a vivir..."* *"Porque la mente puesta en la carne es muerte, pero la mente puesta en el Espíritu es vida y paz (Ro 8.6).* Esa fuerza del Espíritu venido de Dios da Nueva vida.

---

[313] La alegoría es un elemento simbólico, cuyo significado como concepto, se combina con la ayuda de un objeto o idea más corpórea utilizada como ejemplo. En otras palabras, da énfasis a una característica del elemento que compara. - Figuras Literarias. http://figurasliterarias.org/content/alegoria/ Fecha de Acceso: 10.06.17.

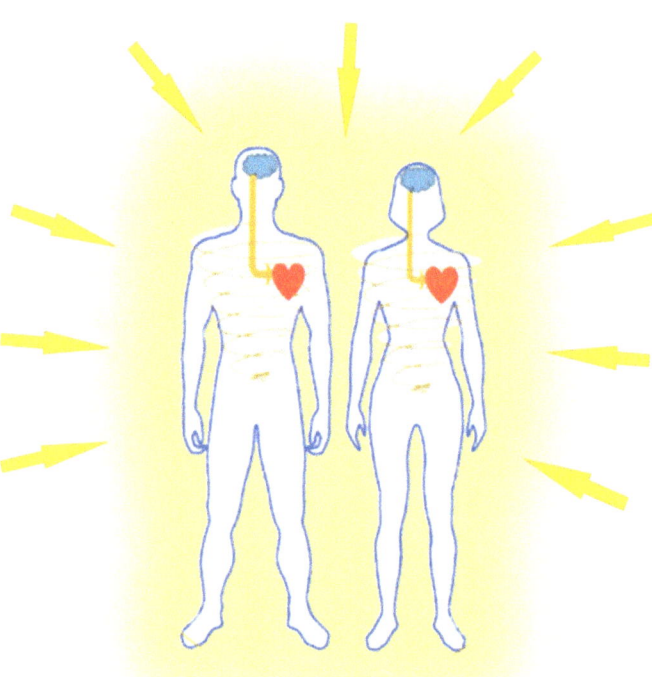

Ilustración 38: esquema de la percepción del Espíritu de Dios en el ser humano

Esa Nueva Vida que inicia en lo micro, individualmente, es el amor de Dios que nace en el interior del ser humano, invadiendo todo nuestro ser influenciando nuestra manera de pensar, de sentir, de vivir en lo cotidiano. Es un cambio, una *metanoia*,[314] un cambio completo desde el interior, es un empoderamiento por medio del Espíritu de Dios.

---

[314] *"Metanoia*, no solo significa arrepentimiento o dolor por el pecado o remordimiento, sino que habla del cambio radical de pensamiento y voluntad que lleva a la persona a centrarse en Dios y reconocerle como Señor, que le lleva desobediencia a la obediencia de la voluntad de Dios. Para Pablo es una obra Divina (2Co. 7:9-11) e incluye la acción de la fe en Cristo Jesús". - Alan F. Johnson, *Comentario Bíblico Portavoz Romanos* La Casa de la Libertad. Grand Rapids: Portavoz, 1999, 46.

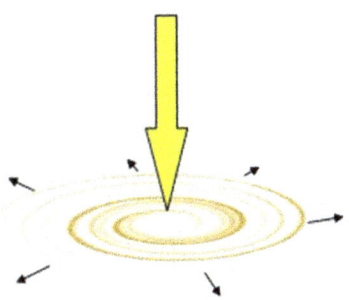

Ilustración 39: Espiral que simboliza movimiento centrífuga

Esta fuerza transformadora al ser percibida con los sentidos, es explicada por la razón y cuando se comprende, da como resultado emociones (corazón). Es entonces que fortalece e impulsa la voluntad (espiral que simboliza movimiento), activando o dando vida a la persona. Desarrolla en ella la vida de Dios, fuerza que se experimenta y se vuelve tangible y dinámica. Pero este proceso no solo ocurre una vez en la vida, sino que pueden ser muchas veces, en distintas situaciones, provocando distintas experiencias. "Esta Fuerza es Dinámica", porque ejerce movimiento interior, provoca sentimientos, emociones y obliga a una reacción. La reacción del ser humano es expresada primero interna y luego externamente, a través de una decisión y una acción. Es un "poder Creador", debido a que el movimiento interno es una fuerza centrífuga, una fuerza que repercute en un movimiento externo, hacia fuera, a través de las acciones. Este movimiento que nace en lo micro crece hasta ser un movimiento no solo individual sino colectivo, hasta lo macro, ya que esa fuerza externa es capaz de impactar la vida de otra persona, como lo vemos en la imagen.

Ilustración 40: Esquema de cómo afecta el Espíritu de Dios en las vidas de otros

Cada espiral representa a una persona. Sus ondas de movimiento impactan la vida de otras, originando en su vida ese mismo accionar de Dios, ejerciendo ese poder dinámico y creador que da vida. Así esa persona puede impactar a otra y así sucesivamente, logrando un plus comunitario, afectando la realidad de muchas personas, por diversas que estas sean, generando respuestas a las circunstancias y generando Vida.Tal cual lo expresa Pablo en Romanos 12.11: *Nunca dejen de ser diligentes; antes bien, sirvan al Señor con el fervor que da el Espíritu.* Este movimiento lo podemos llegar a llamar teológicamente el "Reino de Dios". Su influencia es justicia y amor, como el ejemplo de la vida y obra de Jesús. Ya que la vida de Dios se ve reflejada externamente a favor del prójimo, es una acción que da vida, que da libertad, que ayuda al enfermo y al necesitado, que levanta los brazos del que ya no tiene fuerzas. Es acción que cambia las órdenes sociales establecidas por la sociedad, creando una nueva comunidad, una nueva forma de pensar, de vivir y haciendo la justicia de Dios: *Ahora ustedes se han librado del pecado, y están al servicio de Dios para hacer el bien* (Romanos 6.18).

León Dufour dice que "El Espíritu viene sobre el ser humano, lo eleva y lo hace capaz de realizar acciones excepcionales, tales como hablar profético, acciones notables, y los llena de sabiduría y carismas..."[315] Podemos decir entonces que el Espíritu de Dios viene al espíritu del ser humano y lo hace actuar de tal manera que su vida refleja esa vida de Dios en él, y sus acciones son la demostración de la vida interior (Mt 5.3 ; 26.41; Mc 2.8; 8.12; Lc 1.47; Jn 4.23; 11.33; 13.21; Ro 1.9; 2Co 2.13). Su hablar es conforme a la voluntad de Dios; por lo tanto, reconoce los tiempos y es capaz de hablar y no silenciar ante la injusticia. Creo que a esto se refería Jesús en el diálogo con la samaritana, cuando le dice que habrán *adoradores que adorarán en espíritu y en verdad*. El

---

[315] León -Dufour, 271.

espíritu del ser humano, todo su ser, es transformado y elevado a una comunicación con Dios, que es capaz de elevar un culto pensante y de justicia, como lo expresa Romanos 12:

> Por consiguiente, hermanos, os ruego por las misericordias de Dios que presentéis vuestros cuerpos como sacrificio vivo y santo, aceptable a Dios, que es vuestro culto racional. Y no os adaptéis a este mundo, sino transformaos mediante la renovación de vuestra mente, para que verifiquéis cuál es la voluntad de Dios: lo que es bueno, aceptable y perfecto (Ro 12.1-2).

Lo interesante de estos versículos 1 y 2 de Romanos 12, es que Pablo nos explica a qué se refiere cuando hablamos de esa vida en el Espíritu, y hace énfasis en que el cuerpo, todo el ser humano, no solo su espíritu, debía ser un sacrificio vivo a Dios, una ofrenda a Dios. Y les dice a los Romanos que todo su cuerpo y cuanto hacían y decían debía ser un "culto a Dios", es decir, involucra decisión y reflexión, es decir, "un Culto Pensante".

Interesantemente, no solo es una vida espiritual, como hoy se interpreta en las iglesias. Ellas cuando se refieren a estos versículos (Ro12:1-2) cierran su interpretación a una sola dimensión, la espiritual, y se ha dejado de lado la vida cotidiana, la natural. Han magnificado las palabras de Jesús a lo místico y alejando de la gente, lo real, lo posible de realizar para vivir una vida bajo la bendición de Dios. La vida en el Espíritu se refleja en el actuar; es aquella que hace lo bueno, aceptable y perfecto (Ro 12.1-2).

Al invitar Jesús a beber del Agua Viva, estaba reconociendo que había personas que tenían necesidad de vivificar su espíritu, y que todo su ser debía revivir, "volver a Nacer", como le expresa a Nicodemo. La gente estaba oprimida, esclavizada en circunstancias que no podía sobrellevar, como: enfermedades; pobrezas, injusticias; y eran rechazados por los líderes religiosos, por lo tanto alejados de Dios. También había ricos opresores, que mantenían sus propios intereses por sobre los del pueblo.

Lo opuesto al Agua Viva es el agua estancada, agua que está sucia y podrida, ¿Qué nos dice esto de las vidas de las personas que tenían el poder de cambiar las circunstancias de su prójimo y no lo hacían? Faltaba en ellos ese poder dinámico, la fuerza de Dios que les hiciera actuar de una manera justa, de hacer el bien. Esto nos dice que es posible encontrar personas que no tienen el Agua viva en sus vidas, sino solo agua estancada.

5.1.3 ¿Cómo se vive la Vida en el Espíritu?

El autor del evangelio de Juan usa la imagen del Espíritu para describir la bendición de Dios, que se refleja en los hechos. Los hechos son el reflejo de su relación interior con Dios el Padre por medio de Jesucristo, pero con ritos verdaderos, sinceros, basados en el amor, que es un "hacer bien", no solo en lo individual, sino en lo colectivo y lo social.

Jesús reemplaza el agua material, por el Agua Viva, por la fe en él, por la gracia de Dios. Esa Agua Viva salta, se mueve y produce un efecto ¿En dónde? En la persona que tiene el agua, *será en él, fuente de agua que brota para vida…* (Jn 4.14).

Cuando Juan utiliza la imagen del Espíritu, nos lleva a comprender que la bendición de Dios, su actuar, el hacer bien, debe ser una vida que vivifica, una vida que transforma las realidades de otras personas. Es el Espíritu de Dios, ese Espíritu creador, que dinámicamente impulsa al espíritu humano para hacer bien.

En Isaías 1.11-17 vemos al profeta que habla de parte de Yahvé, reprendiendo al pueblo por las injusticias y malas conductas hacia sus hermanos:

> ¿A mí qué, tanto sacrificio vuestro? - dice Yahvé -. Harto estoy de holocaustos de carneros y de sebo de cebones; y sangre de novillos y machos cabríos no me agrada, cuando venís a presentaros ante mí. ¿Quién ha solicitado de vosotros esa pateadura de mis atrios? No sigáis trayendo oblación vana: el humo del incienso me resulta detestable. <u>Novilunio, sábado, convocatoria: no tolero falsedad y solemnidad. Vuestros novilunios y solemnidades aborrecen mi alma:</u> me han resultado un gravamen que me cuesta llevar. Y al extender vosotros vuestras palmas, <u>me tapo los ojos por no veros.</u> Aunque menudeéis la plegaria, <u>yo no oigo. Vuestras manos están de sangre llenas</u>: lavaos, limpiaos, quitad vuestras fechorías de delante de mi vista, <u>desistid de hacer el mal, aprended a hacer el bien,</u> buscad lo justo, dad sus derechos al oprimido, haced justicia al huérfano, abogad por la viuda (Is 1 11-17).

Dios, a través del profeta, les corrige debido a la conducta inadecuada en contra de sus propios hermanos y hermanas al descuidarlos, al no hacerles bien y luego presentarse ante Dios y ofrecer ofrendas sin remordimientos. Dios desecha toda ofrenda con mala actitud en contra de nuestros iguales, esto es porque para él vale más el hacer justicia que cumplir con los ritos religiosos. Tanto Jesús como los profetas criticaban a Israel por los cultos y ritos sin valor, sin una real convicción. Finalmente, en el texto Dios, a través de Isaías, le invita a *aprender a hacer bien"*, *"buscar lo justo"* y *"dad sus derechos al oprimido"*, *"haced justicia al huérfano"*, y *"abogad por la viuda"*. La vida en el Espíritu no se vive solo en la dimensión espiritual, sino en la vida real, en la acción, en la vida cotidiana, con nuestros semejantes, con nuestros prójimos.

Aprended a hacer bien, significa que nuestra vida debe velar por vuestros semejantes, permitir que ese poder de Dios genere en el espíritu humano el deseo y anhelo de obrar conforme a la voluntad de Dios, expresando en su actuar los frutos del Espíritu, que son:

"…el fruto del Espíritu es amor, alegría, paz, paciencia, afabilidad, bondad, fidelidad, mansedumbre, dominio de sí; contra tales cosas no hay ley" (Ga 5.22-23).

Debemos vivir y dejarnos guiar por el Espíritu de Dios (Ga 5.25), construyendo una comunidad en amor, donde habite en medio de ellos Dios, como lo expresa Apocalipsis (Ap 21.3). Esta comunidad de creyentes será capaz de hacer la voluntad de Dios, lo bueno, aceptable y perfecto; son quienes adorarán en Espíritu y en verdad. Tal cual Jesús se lo dijo a la samaritana. Son quienes nacieron de nuevo, como se lo dijo a Nicodemo. Y quienes esperarán la promesa escatológica, del final de los tiempos, donde la ley de Dios será escrita en los corazones de ese nuevo pueblo. Como fue profetizado por Jeremías (Jr 31.31-34) y Ezequiel (Ez 36.26-28; 47.8-11). Será la humanidad que mira al futuro esperando la promesa de un Mundo Nuevo, del Reino de Dios en la tierra como lo expresa Apocalipsis 22.1-5.

Cuando Jesús interpreta Juan 7.37-39, en la Fiesta de los Tabernáculos, no solo relee el contenido de los escritos, sino que se atribuye los versículos, declarándose como esa fuente de Agua o como el templo de donde fluye el Agua Viva, como en Ez 47 y Zac 14. Al hacer esto, transforma el sentido de lo que se entendía como Agua, ya no esa agua material, ya no esa agua externa al ser humano. Ahora Jesús utiliza el agua como metáfora, enseñando que esta Agua Viva es la Nueva fe en él, y que la gracia será el Nuevo camino al Padre, permitiendo que la comunión con Dios sea alcanzable y visible.

Vemos que la teología de Juan es una teología de praxis que involucra la fe, la acción, la entrega y la convicción, y abre la posibilidad a todos y todas, sin exclusiones. Por eso usa ejemplos como la Samaritana (Jn 4), Nicodemo (Jn 3) y el paralítico de Betesda (Jn 5), gente que estaba excluida. También es posible distinguir el servicio activo del Espíritu de Dios en Jesús, que es una teología que marca una propuesta alternativa en contra de todas aquellas instituciones existentes en su tiempo.[316] Aquellas instituciones habían hecho cada vez difícil el camino de la fe, el acercarse a Dios y el vivir dentro de una sociedad.

5.2 EL AGUA VIVA HOY

El Nuevo Testamento recogió muchos textos del Antiguo, y podemos reconocer su unidad, porque trata del mismo pueblo, Israel y del mismo Dios, Yahvé. En ambos testamentos Dios ha buscado relacionarse con su pueblo Israel, y nos cuenta situaciones en las que Dios se hizo presente para ayudarles y salvarles. Cada libro de la Escritura fue un mensaje para que la comunidad a quien fue dirigida aprendiera del caminar de Israel con Dios. El Dios del Antiguo Testamento es el mismo Dios del Nuevo, que habla con el ser humano y habita entre su pueblo. En cada experiencia humana narrada allí, a través del Espíritu de Dios experimentan el Nuevo Nacimiento, como lo explicó a Nicodemo (Jn 5). Vemos que en ellos el Espíritu de Dios sana esa vida interior, como las aguas salutíferas sanan las aguas de toda la tierra en Ez 47, abriendo la posibilidad de la nueva fe, ampliándola a todas las naciones, no solo a Israel, ampliando la invitación a un Reino de Dios Universal.

Juan fue claro en su mensaje, que escribió para su contexto y tiempo. Ellos tenían claro qué era el agua como símbolo, que importancia tenía en su vida. En cambio, para nosotros hoy en día es necesario hacer este estudio y seguir la huella de lo que es el Agua en el texto y en la historia de Israel para comprender en algo la intención que el autor tenía al escribir el evangelio.

Pero por la falta de un estudio bíblico serio existen hoy en día muchas interpretaciones del mismo texto.

5.2.1 Diferentes Interpretaciones

Esa Agua Viva, como bien lo expresa Jesús en el Evangelio de Juan, está al alcance de todas las personas quienes la necesitan, sin excepciones, ni condición, contraria a muchas doctrinas e instituciones religiosas que hoy "predican el mensaje de Dios."[317]

No es difícil encontrar variedad de interpretaciones del texto bíblico de Juan 7 del 35 al 39. Con una búsqueda por Google, podemos encontrar libros, artículos

---

[316] Adriana Destro y Mauro Pesce, *Cómo nació el cristianismo joánico*. Bilbao: Sal Terrae, 2002,41.
[317] Las comillas las pongo yo, porque quiero recalcar que lo que se predica como Palabra de Dios es una interpretación de quien la emite. No es palabra sagrada.

y videos de predicaciones donde utilizan este texto para enseñar doctrinas opresoras o usarlo para sus beneficios egoístas. He aquí algunos ejemplos:

Hay una línea fundamentalista, que extrae los textos de su contexto, contrario a lo que hemos visto en esta tesis. Los textos pertenecen a una situación concreta; por lo tanto, no podemos extraerlos de su realidad, intentando que expliquen una situación diferente y actual. También esta línea se atreve a dar una interpretación doctrinal sobre el Bautismo del Espíritu como la señal de la llenura de Dios, al decir que el agua es la fe en Jesús, y que el alma del ser humano se sacia solo con ella, enseñando la doctrina de la santidad, creando una iglesia legalista. Esto hacen sin entender que es más que eso, que abarca más allá del alma o el espíritu.[318] Para otros, esta agua simboliza la limpieza de pecado, y predican a las personas que solo el agua venida de Jesús, "su gracia", puede limpiar de pecados dándole la entrada al reino de Dios.[319] Ello aboga por una iglesia excluyente, separatista e individualista. Otros dicen que el agua simboliza el poder divino que impacta el alma, que son las palabras de Jesús. Y los portadores de esa Palabra serán refrigerio a las almas sedientas, enfatizando la misionología,[320] enfatizando que el agua capacita al creyente y que es la unción de su poder,[321] y su fin es convertir a otros a su religión, ya que tachan su doctrina como verdadera. También hay algunos que dicen que el agua es la bendición de Dios, esa bendición que se refleja en un buen vivir, en la abundancia material, como la Teología de la Prosperidad. Ellos utilizan al Espíritu para obtener bienes y riquezas, intercambiando prosperidad por su actuar, apartando y aprovechándose de los pobres y necesitados. Líderes religiosos exigen dinero y bienes, como ordenanzas del Espíritu, como si fuese la voluntad de Dios y despojan a las personas de todo cuanto tienen, de todo lo que les ha costado esfuerzo y trabajo. Y la gente entrega todo, tan solo por sentir la bendición de Dios a su favor y no sentirse rechazada.

Para el Mormón el agua simboliza "las palabras de vida eterna, el mensaje de salvación, las verdades en cuanto a Dios y Su reino... las doctrinas del evangelio", explicando que "donde haya profetas de Dios, habrá ríos de agua viva, pozos llenos de verdades eternas, manantiales de los que brotan los sorbos

---

[318] Escuela Bíblica. S/f. http://www.escuelabiblica.com/estudios-biblicos-1.php?id=169 Fecha de Acceso: 12.03.17.
[319] Estudios y Sermones. 2013. http://www.estudiosysermones.com/2013/12/rios-de-agua-viva-juan-737-39.html fecha de Acceso: 12.03.17.
[320] Javier Bertucci, Maranatha Venezuela, *"Un Río de Vida Eterna"* Pastor Parte II. https://www.youtube.com/watch?v=wU2UKQMFnns Fecha de acceso: 19.06.17.
[321] Pablo A. Jiménez Rojas. Predicación Juan 7:37-39 Video, https://www.youtube.com/watch?v=AXZ_3uWdZxs Fecha de acceso: 12.03.17.

vivificantes que salvan de la muerte espiritual."[322] Se hace así un lectura literalista de la Biblia y creando un reino excluyente, con sus propis interpretaciones, sus propias verdades.

¡Cuánta variedad de mensajes!... La mayoría, con excepción de la Teología de la Prosperidad, acentúa su mensaje en la vida espiritual. Eleva el obrar del Espíritu de Dios a un nivel místico, solo espiritual, aplicándolo a una vida interna, olvidando que esa vida interna debe ser reflejada en los hechos, en la forma de actuar, como lo expresa Mt 7. 20. Deja de lado la realidad como persona, como un ser completo, integro: alma, cuerpo, mente y espíritu.

Todo esto nos lleva a comprender la urgente necesidad que existe de estudiar la Escritura, de comprender su contexto para evitar este tipo de interpretaciones que buscan su propio bienestar y condicionan al creyente. ¡La Escritura es clara, cuando nos dice: "que esta agua viva es gratuita y sin precio y para todos"! El hacer bien no tiene limitantes; es buscar el bienestar del prójimo.

5.2.2 ¿Qué tiene que aportarnos la forma en que Jesús actualiza el significado del agua para aplicarla a nuestra realidad hoy?

Antes de llegar a una interpretación o aplicación pastoral creemos necesario ver en forma general la realidad actual, con el fin de responder a esta pregunta. Hoy existe una sociedad fragmentada, dividida por clases sociales: ricos y pobres; por razas: tribus e indígenas; por sexo: mujer y hombre; niño y niña, por edad: niños, jóvenes, adultos y ancianos. Cada una de estas clasificaciones y otras no mencionadas son barreras que la sociedad ha establecido que no debe traspasarse; quien rompe con ellas es tachado como rebelde y subversivo. Hoy no es diferente a los tiempos de Jesús. Aquella sociedad también estaba dividida por clases y las personas enfermas, mujeres y niños no eran considerados parte de la sociedad. Se les rechazaba; se les condicionaba para alcanzar la misericordia, la bondad de Dios; se les exigían ritos y bienes para alcanzar el perdón.

Hoy existen personas que se consideran bendecidas por tener dinero, casa, autos y disfrutar de grandes lujos, despreciando al que nada tiene. Si sumamos a esto, podemos ver cuantos gobiernos se enriquecen a través del sacrificio del pueblo, oprimiendo a los trabajadores, con muchas horas de trabajo, con bajos sueldos. Existe un pueblo que sufre al no tener una vida digna y más aún se les roba su

---

[322] Bruce R. McConkie, *Doctrinal New Testament Commentary*, 3 tomos. Salt Lake City: Bookcraft, 1965-1973, 151-152 Disponible en: https://www.lds.org/general-conference/1995/04/living-water-to-quench-spiritual-thirst.p1?lang=spa Fecha de Acceso: 15.02.17

derecho a lo esencial: la salud, su bienestar, lo que es suyo, el agua, la vida. Estas grandes diferencias sociales nos llevan a ver la realidad como dos grandes polos: ricos y pobres, bendecidos o despreciados de Dios, estigmatizando a las personas como unas escogidas y otras desechadas.

5.2.2.1 ¡La voz profética de la iglesia se ha perdido!
La iglesia cristiana en su mayoría no es diferente a la sociedad, porque ella se ha encerrado en cuatro paredes a predicarse mutuamente, para no relacionarse con "el Mundo", para no contaminarse. Descansa en su verdad, y quienes piensen distintos a ella no son considerados, o se les aparta para no contaminarse, apartándose de la realidad, de tal forma que vive una vida ajena a las situaciones sociales, olvidando que el llamado de Jesús es una invitación a ser luminarias en el mundo. ¡La iglesia ya no es una voz profética, denunciadora de injusticias, anunciadora del Reino de Dios! Se ha vuelto opresora, ladrona, asesina al menospreciar a sus semejantes, al poner obstáculos y exigencias impidiendo que el Evangelio de Dios alcance a todos. Hoy la iglesia se ha vuelto legalista y egoísta en su manera de proceder, oprimiendo, apartándose y juzgando.

Entonces es legítimo preguntar: ¿qué tiene que aportarnos la forma en que Jesús actualiza el significado del agua para aplicarla a nuestra realidad hoy? Jesús ofrece el agua viva a todos, sin excepción. No pone limitantes: no hay edad, no hay sexo, no hay diferencia social, no hay grupos ricos, ni pobres, no hay grupos elegidos, todos por igual. Es gratuita, no se paga ni ritos, ni dinero. El agua viva, la Vida de Dios, es dada para todas las personas. No se limita a un grupo, ni a una elite, sino que se da en abundancia, para que sea repartida. Al igual que Jesucristo, debe caminar y compartir con los desechados de su tiempo. Hoy la iglesia ha olvidado que debe estar en medio de la necesidad, allí donde se le necesite. Debe cubrir el cuerpo del desnudo, auxiliar al enfermo, compartir su pan, ser denunciadora de las injusticias y vivir en comunidad. Es necesario mirar el ministerio de Jesucristo, su ejemplo, y entender su entrega, entender que el Espíritu de Dios su Padre actuaba en él, cuando iba contra las leyes establecidas del sistema político y social de su tiempo que oprimían. Llevó el mensaje del amor de Dios e instauró un nuevo mensaje, una nueva manera de vivir.

Es tiempo de escudriñarnos y ver en qué condiciones nos encontramos hoy, y preguntarnos: ¿Qué estamos haciendo? ¿Estamos siendo de bendición a otros? ¿Soy yo una fuente de Agua Viva que salta para vida eterna de quienes me rodean? O ¿soy un estanque de agua estancada, que ha dejado a muchos esclavizados en su sufrimiento? ¿O continúo esclavizando a las personas a través de mi legalismo? ¿Estoy acaso silenciando la voz de los débiles y oprimidos? Muchas iglesias en este tiempo han hecho del Espíritu de Dios una herramienta para esclavizar a la gente, para someterlas, para silenciarlas.

Este es un momento de preguntarse, ¿me he dormido en los ritos y exigencias humanas y he olvidado el amor de Dios hacia mi prójimo? ¿Me he vuelto un adorador en el templo y en el hogar y en lo cotidiano he olvidado ser adorador compartiendo vida? ¿He silenciado en mí, la voz del Espíritu de Dios y dejado actuar mi interés?

¿Estamos dando frutos de vida? ¿Acaso hemos olvidado que por los frutos seremos conocidos? Llevemos vida al que la necesite, seamos esa Agua viva para quien la anhele, corramos como ríos de agua viva, llevando el mensaje de amor, de libertar, de un Dios accesible y amoroso, de justicia (Fil 1.11; Ef 5.9), seamos mensajeros de la gracia, de la vida (Ef 2.5). Que fluyan los ríos de agua viva de la compasión, la bondad, la misericordia, la humildad y el amor (Col 3.12).

Dejemos actuar en nosotros ese poder dinámico, esa fuerza transformadora de realidades, que nos hace responsables de quienes nos rodean. Dejemos actuar al Espíritu de Dios que impulse nuestro espíritu a vivir una vida de buenos frutos, de amor, de querer hacer bien siempre. Así será inevitable guardar silencio antes las injusticias, si esta Agua Viva fluye en abundancia, como ríos, dentro de cada persona, pues solo así hará que cada persona sea una fuente de bien, de bendición.

No podemos separar lo religioso de la vida cotidiana y de lo social, porque debemos comprender que Dios actúa en nuestra manera de ser, de vivir. Dios está presente en cada acción, en cada momento de nuestro existir. Si cada persona entendiese esto, nuestra realidad sería diferente: habría gobiernos, leyes y autoridades que actuarán en justicia, no habría necesidad de leyes o sentencias, no habría juicio, no habría maldad, egoísmo, competencia, discriminación, ni menospreciados. No existirían los grupos luchando por el acceso a la vida, o por su bienestar. El motivo literario de agua en movimiento nos refleja que el hacer bien no trae intereses individualistas por sobre el valor del bienestar de la gente.

5.2.2.2 Donde hay vida, hay justicia
Todos los seres humanos tenemos el derecho a la vida, a la libertad, al bienestar, a la igualdad, la salud, al trabajo, la educación y a expresarse. Esto nos lleva a entender que tenemos el derecho a vivir, a todo cuanto ello involucra casa,

familia, trabajo, alimento, etc. Jesús en el Evangelio de Juan no limitó el Agua Viva solo a lo religioso o solo a una relación con Dios, sino a una relación entre Dios, Jesús, los discípulos y las personas que creyesen en él. Es una vida en comunidad, es buscar un bien común donde todos son iguales, donde no hay diferencia, donde no hay necesidad, sino que la vida es lo primordial. Apocalipsis 22:5 nos muestra una ciudad y un Edén fundidos entre sí, y en medio el río de vida que fluye a todas las naciones, agua que se mueve y que viene del trono de Dios. Esperamos un mundo donde todos los seres humanos podamos vivir en armonía, donde la vida sea lo primordial, donde el hacer bien al otro sea hacerme bien a mí mismo. Solo así veremos fluir la vida, fluir el agua viva en medio de la humanidad, una humanidad sin barreras ideológicas, ni religiosas, sino como un solo pueblo.

5.3 CONCLUSIONES

Al ver la importancia que el agua ha adquirido hoy en día, tanto en lo material y simbólico, fundamentalmente en lo religioso, mi tesis tenía como propósito analizar el uso o significado que el agua en movimiento tiene dentro de la Biblia, para lograr entender su valor dentro de la espiritualidad y realidad israelita en el Antiguo Testamento. Esto nos llevó a comprender su significado dentro de su cotidianidad, su relación como elemento de limpieza, de purificación, y como medio para llegar a Dios. El agua no solo era importante por esas funciones, sino que representaba la fuerza, la presencia de Yahvé en medio de su pueblo, su obrar, su accionar a favor de él. El agua representaba la esencia de ser pueblo de Dios, ver su cuidado y su compañía en medio de las dificultades y también la esperanza de un futuro mejor. El comprender cómo el israelita entendía la función del agua, nos iluminó la forma en que Jesús se refiere al Agua Vida en Juan 7, puesto a que remite al sentido del "agua en movimiento" en el Antiguo Testamento. Esto nos permite ver la radicalidad de las palabras de Jesús, cuando dice que de él sale el agua viva y la da gratuitamente a todos. Esta afirmación dice que Jesús tiene el poder de dar agua y vida apropiándose del significado simbólico que esto conlleva y aplicándolo a su persona, haciéndose Dios.

En esta tesis hemos iniciado un largo camino a través del estudio del motivo literario del "agua en movimiento". Iniciamos con una introducción, la que nos mostró la importancia del agua y la espiritualidad que le acompaña hoy. Luego continuamos con el estudio de la importancia del agua material en algunas civilizaciones antiguas; Mesopotamia, Egipto, Grecia y Roma, como principales civilizaciones fluviales que se iniciaron alrededor del agua con el fin de encontrar el sustento para la vida en medio de los lugares secos. Todo ello y mucho más nos lleva a distinguir en la historia de Israel un patrón: en la cosmovisión de Israel se comprende a Yahvé como el dios del agua, proveedor y sustentador, luego como creador de la creación. Cuando Israel ya constituye un pueblo, vemos ahora que Yahvé es considerado el manantial de vida, de tal manera que de él viene no solo el agua material sino también el sustento diario de la vida.

a) El agua fue motivo y origen de muchas creencias y cosmovisiones en la antigüedad. Estas fueron influencia para Israel, para construir su identidad y su manera de vivir y ver el mundo.

b) La fe de Israel fue respuesta a su contexto, el agua en movimiento fue una herramienta pedagógica usada para responder a las amenazas externas que presionaban al pueblo de Israel para que decaiga su fe en Yahvé.

c) El análisis de versículos y capítulos de la Biblia que utilizan el motivo literario de "Agua en movimiento" nos ilustran cómo los escritores usaron el agua como herramienta pedagógica, que sirve para formular un mensaje de manera teológica, ya que era un elemento conocido y de vital importancia dentro de su diario vivir. Debido a esa importancia en lo cotidiano y como elemento fundamental para la vida, es que toma un significado simbólico en la vida religiosa. Varía desde la importancia material como provisión de Dios para la vida en medio del desierto hasta llegar a ser sanidad, esperanza, muerte, salvación, justicia, etc.

d) En el segundo capítulo el motivo literario de "Agua en Movimiento" refuerza la enseñanza e idea teológica de que Yahvé es el Dios de dioses o Dios Supremo. Él es el dios del agua, quien la provee y la controla con el fin de dar vida a toda la creación. La derrama sobre la tierra, por las montañas, sustentando la vida y afirmando el nacimiento, seguridad y sustento de su pueblo Israel.

e) En el tercer capítulo el motivo de "Agua en Movimiento" refuerza la idea teológica de que Yahvé camina con su pueblo en medio de toda circunstancia, aun en el desierto, lugar de muerte. Es allí donde les provee el agua material, en los momentos de muerte, aflicción y desesperanza. También cuando su pueblo se ha desviado de su ley, a través de los profetas les llama a cambiar y buscar la justicia, usando el agua como motivo literario y herramienta pedagógica con el fin de que comprendan que solo Yahvé es dios y que en él encontrarán vida.

f) También el agua en movimiento es usada como una metáfora para comparar la vida y salvación de Dios, la que ya no es solo para un pueblo escogido, sino que se extiende a toda la humanidad, como bien lo expresa Ezequiel 47.

g) Para los profetas de Israel, no había otro dios, nadie más que Yahvé. Él era quien podía darles vida, guiarles y proveerles lo necesario para existir. Por ello a través del agua en movimiento, llaman a volverse a Dios constantemente y a entender que no hay otro dios sino Yahvé, comparándole como un manantial de vida.

h) En el capítulo cuatro analizamos el sentido del agua presente en el Evangelio de Juan, donde vemos cómo su significado varía de agua material a un agua espiritual y nos lleva a un momento de clímax en Juan 7, cuando Jesús ofrece Agua Viva. Este significado no nace en ese momento cuando Jesús ve lo que está sucediendo en la fiesta, sino que su significado viene desde el Antiguo Testamento, donde el agua toma valor como dadora de vida, como fuerza, como presencia de Yahvé en medio de la sequedad y dificultades en medio de sus contextos geográficos.

El Agua en movimiento no simboliza al Espíritu de Dios en toda la Biblia, como se interpreta en muchas iglesias, basándose en el texto de Juan y aplicándolo a toda la Escritura. En el AT el agua en movimiento es un elemento usado para mostrar la manifestación del poder de Yahvé, sea ésta para dar vida, o para destruir.

Dentro de este estudio bíblico encontramos una triada presente en los textos: Dios, el ser humano y el agua, tres elementos independientes uno de los otros. Cada uno de estos elementos está por separado y tiene distintas funciones, haciendo una clara diferencia entre sí, específicamente entre el Espíritu de Dios y el Agua. Por ello no podemos unificar su significado. Específicamente en el evangelio de Juan el significado del agua en movimiento varía. Debido a que tiene una nueva propiedad, es viva. No solo se utiliza como metáfora, sino que se aplica al Espíritu de Dios, pero en acción con y en el ser humano; ahora es Agua Viva.

El Agua Viva o Ríos de Agua Viva son el Espíritu vivificante de Dios que transforma al ser humano en un agente transformador de vida. No solo lo transforma a él, sino que le capacita para ser un dador de vida a otros. Esa fuerza vivificante de Dios le da una nueva humanidad y le hace portador de la fe en Jesucristo y de la vida.

Al estudiar el tema de la pedagogía del agua en la Biblia nos abrió muchas posibilidades para que en un futuro se continúe esta investigación, ya que es inverosímil abordar un tema tan amplio y profundo en un solo libro. Te queda a ti como lector continuar mirando y escudriñando el Texto Bíblico con ojos críticos y con fe para que puedas descubrir en sus letras el mensaje de salvación y edificación para tu vida y tu comunidad.

BIBLIOGRAFIA

ARTÍCULOS:

Agua que has de beber, 2016, http://www.aguaquehasdebeber.cl/noticias/luchas-contra-la-privatizacion-del-agua-en-las-ciudades-de-mexico-el-caso-de-tuxtla-gutierrez-chiapas/ Fecha de acceso: 30.09.2015.

Aroma sagrado. 2015. Disponible en: http://aromasagrado.com/es/otros/576-agua-de-lourdes.html# Fecha de Acceso: 08.09.16.

Bruce R. McConkie, Doctrinal New Testament Commentary, 3 tomos. Salt Lake City: Bookcraft, 1965-1973, 151-152 Disponible en: https://www.lds.org/general-conference/1995/04/living-water-to-quench-spiritual-thirst.p1?lang=spa Fecha de Acceso: 15.02.17

Dennis Bratcher. 2013. The Mesopotamian - Babylonian Creation Myth Enuma Elish. http://www.crivoice.org/enumaelish.html Fecha de Acceso: 03.03.2014

Da Vinci, Leonardo "Paradoja del agua", http://witcombe.sbc.edu/water/artleonardo.html Fecha de acceso: 10.10.15

Eli Lizorkin Eyzenberg, "Estudios Judaicos para cristianos". 1 diciembre 2014, http://jewishstudies.eteacherbiblical.com/es/la-piscina-de-betesda-como-un-centro-de-curacion-del-dios-griego-asclepio/ Fecha de acceso: 04.06.2015.

Enuma Elish. http://www.cresourcei.org/enumaelish.html Fecha de Acceso: 03.03.2014

Escuela Bíblica. S/f. http://www.escuelabiblica.com/estudios-biblicos-1.php?id=169 fecha de Acceso: 12.03.17

Estudios y Sermones. 2013. http://www.estudiosysermones.com/2013/12/rios-de-agua-viva-juan-737-39.html fecha de Acceso: 12.03.17

Figuras Literarias. http://figurasliterarias.org/content/alegoria/ Fecha de Acceso: 10.06.17.

Foros de la Virgen María. "La historia completa de Nuestra Señora Lourdes". 2016. http://forosdelavirgen.org/534/nuestra-senora-de-lourdes-francia-11-de-febrero/ Fecha de Acceso: 10.09.2016

Guías Costa Rica. "Historia de la Virgen de los Angeles". 2016, http://guiascostarica.info/acontecimientos/aparicion-virgen-de-los-angeles

Gutarra, Juan. Análisis de la Música. 2012. http://analisisdelamusica1.blogspot.com/2012/04/2-motivo-y-figura.html Fecha de Acceso: 19.07.15.

H4H s/f. Disponible en: http://www.h4hinitiative.com/es/academia-h4h/laboratorio-de-hidratacion/hidratacion-para-los-adultos/agua-en-el-cuerpo Fecha de Acceso: 18.06.15

Jiménez Peris, José Alerto. Cosmogonía acadia. https://josealbertojimenez.wordpress.com/capitulo-1/capitulo-2 Fecha de acceso: 21.02.15

Juan Gutarra, Análisis de la Música. 2012. http://analisisdelamusica1.blogspot.com/2012/04/2-motivo-y-figura.html Fecha de Acceso: 19.07.15.

Leonard W. King, A History Of Babylon From The Foundation Of The Monarchy To The Persian Conquest. S/f. http://www.cristoraul.com/ENGLISH/readinghall/UniversalHistory/Ancient_History/A-History-Of-Babylon/5-Age-Of-Hammurabi.html Fecha de acceso: 17.08.15

Línea sobre Línea. 2003. "Nuzu o Nuzi" Disponible en: http://www.sedin.org/propesp/Nuzu.htm Fecha de Acceso: 01.04.15.

LOURDES. "Bernardita, Las Apariciones", http://es.lourdes-france.org/profundizar/bernardita-soubirous Fecha de Acceso; 07.09.16

McConkie, Bruce R. Doctrinal New Testament Commentary, 3 tomos. Salt Lake City: Bookcraft, 1965-1973, 151-152 Disponible en: https://www.lds.org/general-conference/1995/04/living-water-to-quench-spiritual-thirst.p1?lang=spa Fecha de Acceso: 15.02.17

Mitos y Leyendas. http://www.mondo-libero.eu/dioses_mesopotamicos.htm Fecha de Acceso: 03.03.2014.

Nicholas Reeves, Akhenatón. El falso profeta de Egipto. "Himno a Atón". http://www.universidadsise.edu.pe/images/biblioteca/descargas/historia/libros/himno-aton.pdf Fecha de acceso: 17.08.15

Nociones de Derecho. 2012. Código de Lipit-Ishtar – Introducción. http://derechonociones.blogspot.com/2012/11/codigo-de-lipit-ishtar-introduccion.html Fecha de acceso: 01.04.2015.

Serafín Ruíz, 2009, Mesopotamia y Egipto, http://www.elauladejc.es/Mesopotamia-Egipto.htm Fecha de Acceso: 22.07.15.

Silvia Castro Méndez. "Agua". Poema Sequía. San José. Costa Rica. 2015.8.

Sobre Leyendas. http://sobreleyendas.com/2008/07/13/el-mito-de-tiamat Fecha de Acceso: 03.03.14.

Tabla de porcentajes USGS. Disponible en: http://water.usgs.gov/gotita/waterdistribution.html Fecha de Acceso:25.06.15

Urbano Ferrer S., Filosofía Y Cosmovisión. 173. https://imo.im/fd/G/YDXX3stZCT/02._URBANO_FERRER_SANTOS_Filosof_a_y_cosmovisi_n.pdf

Yebra, Joaquín "Articulo El Agua Y La Biblia". Versión PDF. https://es.scribd.com/document/158510142/EL-AGUA-Y-LA-BIBLIA Fecha de acceso: 15.05.16.

BIBLIAS:

Biblia de Jerusalén, Revisión de 1976. Traducción de la edición española de la Biblia de Jerusalén. Madrid: Descleé de Brouwer, S.A. 1976.

Lacueva, Francisco. *Nuevo Testamento Interlineal Griego Español*. Barcelona: CLIE. 1984. 375.

La Santa Biblia, Nueva Versión Internacional, 1984. Versión en línea. https://www.bibliatodo.com/la-biblia/version/Nueva-version-internacional-1984/ Fecha de Acceso: 03.09.15.

Nuevo Testamento Interlineal Griego - Español. Barcelona: CLIE. 1984.

Nuevo Testamento Interlineal Griego - Español. Versión PDF. Argentina: Ministerio Apoyo Bíblico. 2011.

DICCIONARIOS:

Browning, W. R. F. *Diccionario de la Biblia*. Guía Básica de temas, personajes y lugares bíblicos. Barcelona: Folio, 2006.

Calcada, S. Leticia y otros, *Diccionario Bíblico Ilustrado Holman*. Revisado y Aumentado. Nashville: B&H Español Editorial Staff, 2014.

Chevalier, Jean. *Diccionario de los símbolos*. Barcelona: Herder. 1986.

Conceptodefinición.De. 2014. "Definición Filología". http://conceptodefinicion.de/filologia/ Fecha de Acceso: 13.07.15.

Diccionario de la Real Academia. http://dle.rae.es/?id=XRPkLA0 Fecha de acceso: 12.02.16

Nelson Thomas. *Diccionario Ilustrado de la Biblia*. EEUU: Caribe,1977.

_____*Diccionario Ilustrado de la Biblia*. México: Caribe,1998.

Schokel, Luis A. *Diccionario Bíblico Hebreo-español*. Valladolid: Trotta, 1994.

VIDEOS:

"Agua, gota de la vida. El Espíritu del Agua". 2016. Corporación de Radio Y Televisión Española. Disponible en: http://www.rtve.es/alacarta/videos/agua-la-gota-de-la-vida/agua-espiritu-del-agua/1962661/ Fecha de Acceso: 07.09.2016

Gore, Al. "Una Verdad Incómoda" Documental del cambio climático. 2008. http://www.documaniatv.com/naturaleza/al-gore-una-verdad-incomoda-video_417669111.html. 15.05.16.

Bendición de las cosechas, "Agua, gota de la vida. El Espíritu del Agua". 2016.Corporación de Radio Y Televisión Española. Disponible en: http://www.rtve.es/alacarta/videos/agua-la-gota-de-la-vida/agua-espiritu-del-agua/1962661/ Fecha de Acceso: 07.09.16.

Bertucci, Javier Maranatha Venezuela. "Un Río de Vida Eterna" Pastor Parte II. https://www.youtube.com/watch?v=wU2UKQMFnns Fecha de acceso: 19.06.17.

Ceremonia del Té, "Agua, gota de la vida, El Espíritu del Agua". 2016. Corporación de Radio Y Televisión Española. Disponible en: http://www.rtve.es/alacarta/videos/agua-la-gota-de-la-vida/agua-espiritu-del-agua/1962661/ Fecha de Acceso: 07.09.2016

Jiménez Rojas. Pablo A. Predicación Juan 7:37-39 Video, https://www.youtube.com/watch?v=AXZ_3uWdZxs Fecha de acceso: 12.03.17.

El Inframundo Egipcio. Libros de los muertos. Video: *National Geographic*. https://www.youtube.com/watch?v=yS0q9CKDiQY&feature=youtu.be Fecha de Acceso: 22.08.15.

"Los cadáveres son sumergidos en el río Ganges", *Agua, gota de la vida. El Espíritu del Agua*. 2016. Corporación de Radio Y Televisión Española. Disponible en: http://www.rtve.es/alacarta/videos/agua-la-gota-de-la-vida/agua-espiritu-del-agua/1962661/ Fecha de Acceso: 07.09.2016

Terje, Dale. *A Journey in the History of water*. 04.45 hrs. Producido por Norwegian Broadcasting Corporation and University of Bergen. 2001.

Las tumbas egipcias, Arte e Historia. *Investiga y aprende*. https://investigayaprende.wordpress.com/webquest/1%C2%BA-eso/ciencias-sociales/tumbas-egipcias/ Fecha de Acceso: 22.07.15.

SOFTWARE:

Danker, Greek – English Lexicon of the NT. Versión PDF - Works 9 Software for Biblical Exegesis & Research. Norfolk, VA: Bible Works, 2011.

Friberg, Analytical Greek Lexicon. Versión Digital. Bible Works 9 Software for Biblical Exegesis & Research. Norfolk, VA: Bible Works, 2011.

Louw Nida, Greek- English Lexicon of the NT. Versión PDF. -Bible Works 9. "Software for Biblical Exegesis & Research". Norfolk, VA: Bible Works. 2011.

REVISTAS:

Ana M. Vásquez, Revista Agua y Culturas. Tecnología del agua. N°276. Septiembre.2006.92-98 Disponible en: file:///C /29516172-La-importancia-del-agua-en-las-civilizaciones-antiguas-Grecia.pdf fecha de acceso: 04.02.16

Barriocanal G., José L. "Dios como Creador y destructor". Revista Reseña Bíblica. N°78. Verano. España: Verbo Divino, 2013.

Becerra, Andrea. Revista El otro Derecho. "Movimientos sociales y lucha por el derecho humano al agua en América Latina," ILSA N° 34. 2011.

Cook, Elisabeth. "La lluvia de Yahvé y la vida en la tierra: Un diálogo entre Génesis y Deuteronomio", Primer Semestre. Vol 26/1. San José: SEBILA, 2006.

Gilberto Gorgulho. "La historia Primitiva. Génesis 1-11". RIBLA. http://www.claiweb.org/ribla/ribla23/la%20historia%20primitiva.html Fecha de acceso: 04.04.15.

Goncalves, Francolino. "El destierro, consideraciones históricas". Revista Bíblica. 1977.

Gorgulho Gilberto. "La historia Primitiva. Génesis 1-11". RIBLA. http://www.claiweb.org/ribla/ribla23/la%20historia%20primitiva.html Fecha de acceso: 04.04.15

Koehler, Ludwig y Walter Baumgartner. "hkp", *The Hebrew and Aramaic Lexicon of the Old Testament.* Vol II, Leiden: Brill, 2001

Koldo, Esteban. "Reseña bíblica. Mesopotamia y la Biblia". N°72. Invierno. Madrid: Verbo Divino, 2011.

Magally Villalobos, A puntadas Cuaderno de Mitología griega y psicología arquetipal. ALFADIL. Vol. I.2004. 244-246. - Imagen: Inframundo Griego: Parte del mundo gobernada por Hades. http://snk-seiya.net/guiasaintseiya/Dicc-H.html Fecha de Acceso: 24.07.15.

Pando Despierto, *Juan.* "Agua y el Tiempo en el arte. Espacio, Tiempo y Forma". Revista UNED, Serie Vil, H.del Arte, T. 6, 1993.

Pikaza, Xabier. "El agua, Una reflexión teológica". Vida Y pensamiento N° 26. Sn José: SEBILA, 2006.

Vásquez, Ana M. Revista Agua y Culturas. "Tecnología del agua". N°276. Septiembre. 2006.92 Disponible en: file:///C /29516172-La-importancia-del-agua-en-las-civilizaciones-antiguas-Grecia.pdf fecha de acceso: 04.02.16

Villalobos, Magally. "A Puntadas Cuaderno de Mitología griega y psicología arquetipal". ALFADIL. Vol. I.2004. 244-246.

LIBROS:

Aldazabal, José. *Gestos y símbolos*. Barcelona: Centro de Pastoral Litúrgica, 2003.

Anselm Grün, *Imágenes de Jesús*. Barcelona: Claret, 2005.

Astey V., Luis. *Enuma Elish*. Traducción. Tablilla IV. Mexico: Universidad Autónoma Metropolitana. 1989.

Bailey, Brian J. *Salmos*. Tercera Edición. Guatemala: IBJ. 2009.

Barbaglio, Giuseppe. *Dios ¿violento?* Estella: Verbo Divino. 1992.

Beauchamp, Paul. *Los Salmos noche y día*. España: Cristiandad,1980.

Bergant, Dianne. *La Historia de Israel*. Primera Parte. Collegeville, Minnesota: Liturgical Press.

Berni, Franquet y José María. *60 respuestas al Plan Hidrológico Nacional en Agua que no has de beber*. Madrid: Dykinson, 2010.

Borobio, Dionisio. *La Celebración En La Iglesia*. Sacramentos II. Salamanca: Sígueme,1999.

Bottéro, Jean. *La religión más Antigua, Mesopotamia*. Madrid:Trotta. 1998.

Blenkinsopp, Joseph. *El Pentateuco*. Estella: Verbo Divino, 2001,35-38

Carrillo Alday, Salvador. *El evangelio según san Juan*. Navarra: Verbo Divino, 2010.

Cortese, Enzo y Pongutá, Silvestre. *Salmos.* Comentario Bíblico Latinoamericano. Antiguo Testamento II. Estella: Verbo Divino, 2007.

Croatto, José S. *El Hombre en el mundo.* Buenos Aires: La Aurora, 1974.

Croatto, Severino. *Mitos y Hermenéutica.* Buenos Aires: El Escudo, 1973.

Darras, M.J.E. *Historia de nuestro Señor Jesucristo.* Madrid: Gaspar y Roig, 1865.

De la Fuente, Tomás. *Claves de interpretación Bíblica.* Colombia: Casa Bautista, 2006.

Destro, Adriana y Pesce, Mauro. *Cómo nació el cristianismo joánico.* Bilbao: Sal Terrae, 2002.

Dobles Segreda, Luis. *Reflexiones y Discursos.* Tomo I. San José: EUNED, 1996.

Eason, Cassandra. *Nuevos Misterios del antiguo Egipto.* Barcelona: Robinbook. 2009.

Eissfeldt, Otto. *Introducción al Antiguo Testamento I.* Madrid: Cristiandad, 2000.

ELiade, Mircea. *Tratado de la historia de las Religiones.* Madrid: Cristiandad, 2000.

Espinel, José L. *Evangelio Según San Juan: introducción, traducción y comentario.* Salamanca: San Esteban, 1998.

Fernández, Antonio y otros. *Iniciación a la Geografía.* "La Atmósfera y la Hidrósfera". Madrid. Universia. 2015.

Forero Caballero, Hernando. *Fundamentos sociológicos de la medicina primitiva.* Colombia: Kimpres, 2003.

Frankfort H.A. y otros, *El Pensamiento Prefilosófico Egipto y Mesopotamia.* México: Fondo de Cultura Económica.1954.

Grün, Anselm. *Imágenes de Jesús.* España: Claret, S.A, 2005.

Hamman, A. *El bautismo y la Confirmación.* Barcelona: Herder, 1977.

Hendriksen, William. *Comentario al Nuevo Testamento.* "El evangelio de Juan". EEUU: Desafío, 1981.

Jaffe, Aniela. *El simbolismo en las Artes Visuales.* Buenos Aires: Paidós. 1964.

Jaramillo R., Pedro. *La Injusticia y la opresión en el lenguaje figurado de los profetas.* España: Verbo divino, 1992.

John H. Victor y otros, *Comentario del Contexto Cultural de la Biblia.* Antiguo Testamento. El Paso: Mundo Hispano, 2004.

Johnson, Alan F. *Comentario Bíblico Portavoz Romanos La Casa de la Libertad.* Grand Rapids: Portavoz, 1999.

Jung. Carl G. El *hombre y sus símbolos.* Buenos Aires: Paidós. 1964.

Keel, Othmar. *La iconografía del Antiguo Oriente y el Antiguo Testamento.* Madrid: Trotta, 2007.

Keener S. Craig, *Comentario del Contexto Cultural de la Biblia.* Colombia: Mundo Hispano, 2004.

Klíma, Josef. *Sociedad y cultura en la antigua Mesopotamia.* Madrid: AKAL,1964.

Lacueva, Francisco. *Nuevo Testamento Interlineal Griego Español.* Barcelona: CLIE. 1984.

León-Dufour, Xabier. *Lectura del Evangelio de Juan.* Jn.1-4. Vol I. Salamanca: Sigueme, 1993.

Levoratti, Armando J. *Comentario Bíblico Latinoamericano.* Antiguo Testamento II. Estella, Navarra: Verbo Divino, 2007.

Levoratti, Armando y otros. *Comentario Bíblico Internacional.* Evangelio de Juan. Estella: Verbo Divino,1999.

López Castro, Armando. *Poema* "En el desierto". El rostro en el Espejo Lecturas de Unamuno. Salamanca: Universidad, 2010.

Mardones, José María. *La Vida del símbolo.* Santander: Sal terrae, 2003.

Marquez Díaz, Raúl. *El vino y la religión.* Viticultura y Cata de vino tranquilos. Madrid: Visión Libros.

Massuh, Victor. *El rito y lo sagrado.* Argentina: Columba, 1965.

Mateos J. y Barreto J. *El Evangelio de Juan.* Análisis Lingüístico y comentario exegético. Madrid: Cristiandad, 1982.

Miró, Mónica. *Antropología de la Religión*. "Agua, emociones, sentimientos, experiencias y procesos religiosos". Barcelona: UOC, 2003.

Montero, Juan L. *Breve Historia de Babilonia*. Madrid: Nowtilus, S.L. 2012.

Müller Fahrenholz, Geiko. *El Espíritu de Dios*. "Transformar un mundo en crisis". Santander: Sal Terrae, 1996.

Otto Eissfeldt, *Introducción al Antiguo Testamento I*. Madrid: Cristiandad, 2000, 290-292.

Pagán, Samuel. *Comentario Bíblico Latinoamericano. AT II*. Libros Proféticos y Sapienciales. Estella: Verbo Divino, 2007.

Parrot, André. *El Diluvio y el Arca de Noé*. Barcelona: Garriga S.A, 1961.

Pilch J. J. y B. J. Malina. *Handbook of Biblical Social Values*. Peabody, MA: Hendrickson,1998.

Ramos P., Fernando. *Ver a Jesús y sus signos, y creer en él*. Estudio exegético-teológico. Roma: Analecta Gregoriana, 2004.

Raúl Marquez Díaz, *El vino y la religión. Viticultura y Cata de vino tranquilos*. Madrid: Visión Libros.12

Ringgren, H. *La fe de los salmistas*. Buenos Aires: La Aurora, 1970,137-138.

Roaf, Michael. *Mesopotamia*. Barcelona: Folio, 2004.

Rosalie, David. *Religión y Magia en el Antiguo Oriente*. España. Crítica. 2004.

Rostom Maderna, Santiago. *Comentario Bíblico Latinoamericano. AT II*. Libros Proféticos y Sapienciales. Estella: Verbo Divino, 2007.

Roux, Georges. *Mito Sumerio. Mesopotamia. Historia política, económica y cultural*. Madrid: Akal, 2002.

Ruiz de la Peña, Juan. *Teología de la Creación*. Santander: Sal Terrae, 1988.

Salvador Carrillo Alday, *El evangelio según san Juan*. Navarra: Verbo Divino, 2010,132.

Sayés, José Antonio. *La Trinidad Ministerio de Salvación*. Madrid: Palabra, 2000.

Schökel, Alonso y Sicre D., J.L. *Profetas*. "Isaías". Madrid: Cristiandad, 1980.

_____*Comentario Nueva Biblia Española.* "Profetas". Madrid: Cristiandad,1980.

Schökel, L. Alonso. *La palabra Inspirada*. Madrid: Cristiandad,1986.

Schökel, Luis A. y Carniti, Cecilia. *Salmos II*. Estella: Verbo Divino,1993.

Schwantes, Milton. *Amos. Meditaciones y Estudios*. Brasil: Sinobal, 1987.

Segre, Cesare. *Principios de Análisis del texto literario*. Barcelona: Crítica. 1985.

Siliotti, Alberto. *Antiguo Egipto. La civilización del Nilo*. Barcelona: Folio S.A, 2017.

Simian Yofre, Horacio. *Comentario de Ezequiel*. Navarra: verbo Divino, 2007.

Solano Rossi, Luiz Alexandre. *Cómo leer el libro de Jeremías*. Bogotá: San Pablo, 2011.

Terje Dale. *A Journey in the History of wáter*. 04.45 hrs. Producido por Norwegian Broadcasting Corporation and University of Bergen. 2001.

Turro, James. *Ezequiel*. Bilbao: Sal Terrae,1969.

Urbano Ferrer S., *Filosofía Y Cosmovisión*. 173. https://imo.im/fd/G/YDXX3stZCT/02._URBANO_FERRER_SANTOS_Filosof_a_y_cosmovisi_n.pdf

Von Rad, Gerhard. *El Libro de Génesis*. Salamanca: Sígueme,1998.

_____*Teología del Antiguo Testamento. tomo I, Teología de las tradiciones de Israel*. Salamanca: Sígueme, 1972.

Walton, John H. y otros, *Comentario del Contexto cultural de la Biblia*. Texas: Mundo Hispano, 2004.

Walton, John y Matthews, Victor. *Comentario de Contexto Cultural del Antiguo Testamento*. EEUU: Mundo Hispano, 2004.

Waschke, E.J., "šärash" en Johannes Botterweck et.al. *Theological Dictionary of the Old Testament* Vol. XV. Grand Rapids: Eerdmans, 2006.

Zorrilla, Hugo y Chiquete, Daniel. *Evangelio de Juan*. Miami: Soc. Bíblicas, 2008.

www.ingramcontent.com/pod-product-compliance
Lightning Source LLC
Chambersburg PA
CBHW070618300426
44113CB00010B/1570